Königs Erläuterungen und Materialien
Band 417

Erläuterungen zu

Franz Kafka

Der Proceß

von Volker Krischel

Bange Verlag

Über den Autor dieser Erläuterung:

Volker Krischel, geb. 1954, arbeitete nach dem Studium der Germanistik, Geschichte, Katholischen Theologie, Erziehungswissenschaften, Klassischen Archäologie, Kunstgeschichte und Geografie mehrere Jahre als Wissenschaftlicher Mitarbeiter – besonders im Bereich der Museumspädagogik – am Württembergischen Landesmuseum Stuttgart. Heute ist er als Studienrat in Gerolstein, Eifel, tätig.
Er hat mehrere Arbeiten zu Autoren der neueren deutschen Literatur sowie zur Museums- und Unterrichtsdidaktik veröffentlicht.

2. Auflage 2005
ISBN 3-8044-1796-5
© 2004 by C. Bange Verlag, 96142 Hollfeld
Alle Rechte vorbehalten!
Titelabbildung: Franz Kafka
Druck und Weiterverarbeitung: Tiskárna Akcent, Vimperk

Vorwort

„Jemand musste Josef K. verleumdet haben, denn ohne dass er etwas Böses getan hätte, wurde er eines Morgens verhaftet." Mit diesem geheimnisvollen Satz beginnt einer der berühmtesten Romane der Moderne, Franz Kafkas *Der Proceß*. Glaubt man nach dieser Einleitung einen Kriminal- oder Gerichtsroman in der Hand zu haben, so sieht man sich sehr schnell getäuscht. Je weiter der Leser sich auf den Roman einlässt, desto mehr verliert er den (scheinbar) festen Boden.

Es ist typisch für Kafka, dass in das scheinbar Normale, Vertraute plötzlich das Unerklärliche einbricht. Als „kafkaesk" bezeichnet man eine solche Situation und damit ist Kafka wohl der einzige Schriftsteller, dessen Name adjektivisch für eine Situation gebraucht wird, wie er sie immer wieder in seinen Werken beschreibt.

Es gibt eigentlich nur zwei Standpunkte zu Kafka, entweder man lehnt ihn ab oder man lässt sich auf ihn ein und steigt in seine vordergründig so normale, in Wirklichkeit aber immer weniger begreiflich werdende Welt ein.

Auch für uns heute sind die Welt und ihre Zusammenhänge immer unbegreiflicher und undurchsichtiger. Wie Josef K. im *Proceß* gegen das und mit dem Gericht ringt, so stehen heute viele Menschen vor unserer modernen Gesellschaft. Kafkas Roman hat daher immer wieder zu neuen Interpretationen gereizt und gehört wohl zu den am meisten interpretierten Romanen der Weltliteratur.

Jeder Leser, der sich auf Kafkas rätselhafte Welt einlässt, der den Mut, aber auch die Geduld hat, sich mit dem Roman auseinander zu setzen, wird ein Werk der Weltliteratur kennen lernen, das ihn womöglich nicht mehr loslassen wird, „ein

Werk, das auf seine Art dazu angetan ist, den Horizont des Lesers zu verändern."[1]

Diese Erläuterungen wollen bei der Erarbeitung des Romans, sei es im privaten oder schulischen Bereich, Hilfestellung geben, indem sie die notwendigen Hintergrundinformationen liefern und einige Aspekte des Romans vertiefend darstellen, um so dem interessierten Leser bei seiner eigenen Deutung des Romans Fix- und Orientierungspunkte zu geben.

Als Textgrundlage dient die 2002 im Fischer Verlag erschienene Taschenbuchausgabe, die aber seitenidentisch mit den früheren Fischer Taschenbuchausgaben ist. Die im Text und in den Anmerkungen verkürzt zitierten Quellenangaben finden sich vollständig bibliografiert am Ende der Erläuterungen unter „Literatur".

---

1   Thomas Gräff: *Franz Kafka, Der Proceß*, S. 6

1. Franz Kafka: Leben und Werk

1.1 Biografie[2]

Jahr	Ort	Ereignis	Alter
3. Juli 1883	Prag	Franz Kafka wird als 1. Kind des deutsch-jüdischen Kaufmanns Hermann Kafka (1852–1931) und seiner Frau Julie, geb. Löwy (1856–1934), geboren.	
1889–1893		Besuch der „Deutschen Knabenschule am Fleischmarkt"; Geburt der Schwestern Gabriele, genannt Elli (1889), Valerie, genannt Valli (1890), Ottilie, genannt Ottla (1892); die jüngeren Brüder Georg (1885) und Heinrich (1887) sterben bereits im Kindesalter.	6–10
1893–1901		Besuch des humanistischen „K. K. Staatsgymnasiums mit deutscher Unterrichtssprache in Prag-Altstadt", in dieser Zeit entstehen *Frühwerke*, die später von Kafka vernichtet werden.	10–18
1896		Bar-Mizwa	13

---

2 Vgl. hierzu u. a. Thomas Anz: *Franz Kafka*, S. 137 f., Ronald Hayman: *Kafka*, S. 385 ff., Heinz Politzer: *Franz Kafka*, S. 571 f., Klaus Wagenbach: *Kafka*, S. 141 ff.

Jahr	Ort	Ereignis	Alter
1900	Triesch Roztok bei Prag	Ferien bei seinem Lieblings-onkel, dem Landarzt Siegfried Löwy in Triesch, Sommerferien mit den Eltern in Roztok bei Prag.	17
1901	Norderney, Helgoland	Abitur, Ferien mit seinem On-kel Siegfried Löwy auf Norder-ney und Helgoland; Studien-beginn an der „Deutschen Universität Prag", zunächst Chemie, dann Jura, nebenbei hört er kunstgeschichtliche Vor-lesungen.	18
1902	Prag	Germanistikstudium, ab dem Wintersemester Fortführung des Jurastudiums; erste Begegnung mit Max Brod (1884–1968).	19
1903	Weißer Hirsch bei Dresden	Rechtshistorische Staatsprüfung; Erster Sanatoriumsaufenthalt (in Weißer Hirsch bei Dresden, danach in Südböhmen); Arbeit am verschollenen Roman *Das Kind und die Stadt*.	20
1904	Prag	Beginn der Arbeit an *Beschrei-bung eines Kampfes*, Erzählun-gen, Skizzen und Prosa-gedichten.	21

Jahr	Ort	Ereignis	Alter
1905	Zuckmantel	Im Sommer: Sanatorium Schweinburg in Zuckmantel, im Winter: Beginn der regelmäßigen Zusammenkünfte mit den Freunden Oskar Baum, Felix Weltsch und Max Brod.	22
1906	Prag	Volontariat in einer Advokatur, Promotion zum Dr. jur., *Hochzeitsvorbereitungen auf dem Lande.*	23
1906–1907		„Rechtspraxis" zunächst beim Landgericht, dann beim Strafgericht.	23–24
1907	Cernosic	Ab Oktober: Aushilfskraft in der Assicurazioni Generale in Prag.	24
1908	Tetschen Cernosic	Erste Veröffentlichung: 8 Prosastücke aus dem späteren Band *Betrachtungen* in der Zeitschrift Hyperion; Eintritt als „Aushilfsbeamter" in die „Arbeiter-Unfall-Versicherungsanstalt für das Königreich Böhmen" in Prag, erste Dienstreise nach Tetschen und Cernosic; Beginn der engen Freundschaft mit Max Brod.	25
1909	Riva Tetschen Pilsen	Ferienreise mit Max und Otto Brod nach Riva am Gardasee; zahlreiche Dienstreisen (Tetschen, Pilsen, Maffersdorff); *Aeroplane in Brescia,* Beginn der *Tagebücher.*	26

Jahr	Ort	Ereignis	Alter
1910	Prag Paris	Ernennung zum „Anstaltsconcipist"; Besuch von Wahlversammlungen und sozialistischen Massenveranstaltungen sowie einer jiddischen Schauspieltruppe; Ferienreise mit Max und Otto Brod nach Paris.	27
1911	Friedland Italien Paris Erlenbach bei Zürich	Dienstreisen u. a. nach Friedland, Reichenberg und Grottau; Ferienreise mit Max Brod an die oberitalienischen Seen und nach Paris; Aufenthalt im Naturheilsanatorium Fellenberg in Erlenbach bei Zürich; stiller Teilhaber an einer Asbestfabrik; Leidenschaft für das jiddische Theater, Freundschaft mit dem jiddischen Schauspieler Jizchak Löwy, Beschäftigung mit dem Judentum.	28
1912	Prag Weimar Harz	Erste Fassung des *Verschollenen;* Ferienreise mit Max Brod nach Weimar, Aufenthalt im Naturheilsanatorium „Just's Jungborn" im Harz; Zusammenstellung des ersten Bandes *Betrachtungen;* lernt im Hause Brod Felice Bauer kennen, Beginn der Korrespondenz mit ihr; *Das Urteil, Die Verwandlung.*	29

Jahr	Ort	Ereignis	Alter
1913	Prag Wien	Ernennung zum „Vice-Sekretär"; verschiedene Treffen mit Felice Bauer, Heiratsantrag an Felice Bauer; Begegnung mit Grete Bloch und Beginn der Korrespondenz; Dienstreisen mit seinem Vorgesetzten nach Wien; Heirat Max Brods; *Der Heizer*.	30
1914	Berlin	Offizielle Verlobung mit Felice Bauer; *Verlockung im Dorf*, Aussprache mit Felice Bauer im Berliner Hotel „Askanischer Hof", Lösung der Verlobung; Beginn der Arbeit am *Proceß, In der Strafkolonie*.	31
1915	Ungarn Frankenstein	Erstes Wiedersehen mit Felice Bauer; Reise nach Ungarn; Sanatoriumsaufenthalt in Frankenstein bei Rumburg; Carl Sternheim gibt die mit dem Fontanepreis verbundene Geldsumme an Kafka weiter.	32
1916	Marienbad München	Ferien mit Felice in Marienbad (inoffizielle Verlobung); öffentliche Lesung in München; *Der Gruftwächter*, Fragmente von *Der Jäger Graccus*, mehrere Erzählungen, u. a. *Ein Landarzt*.	33

Jahr	Ort	Ereignis	Alter
1917	Prag	*Ein Bericht für eine Akademie, Die Sorge eines Hausvaters, Beim Bau der Chinesischen Mauer;* zweite offizielle Verlobung mit Felice; erster Blutsturz, Beginn der Lungentuberkulose; Entlobung mit Felice.	34
1918		Hebräischstudien	35
1919	Schlesien Prag	Verlobung mit Julie Wohryzek; *Brief an den Vater;* Felice Bauer heiratet.	36
1920	Matliary	Beförderung zum „Anstaltssekretär"; Entlobung mit Julie Wohryzek; erster Entwurf zu *Das Schloss;* Sanatoriumsaufenthalt in Matliary (Hohe Tatra); Freundschaft mit Robert Klopstock; Begegnung mit Milena Jesenskà.	37
1921	Prag	*Erstes Leid*	38
1922		*Ein Hungerkünstler, Fürsprecher,* Beginn mit der Arbeit am *Schloss;* Beförderung zum „Obersekretär", vorzeitige krankheitsbedingte Pensionierung; letzte Begegnung mit Milena Jesenskà.	39
1923	Berlin	Hebräischstudien; lernt Tile Rößler und Dora Dymant (Diamant) kennen; Übersiedlung nach Berlin zusammen mit Dora Diamant; *Eine kleine Frau, Der Bau.*	40

Jahr	Ort	Ereignis	Alter
1924	Prag Kierling Berlin	Rückkehr nach Prag; *Josefine, die Sängerin;* Diagnose Kehlkopf-tuberkulose; in Begleitung Klopstocks und Dora Diamants ins Sanatorium Hoffmann in Kierling bei Klosterneuburg; Doras Vater verweigert seine Zustimmung zur Eheschließung; Kafka stirbt am 3. Juni, einen Monat vor seinem 41. Geburtstag.	40
1925	Berlin	Max Brod gibt den *Proceß* heraus.	
1941–1943	Auschwitz	Tod der Schwester Ottla in Auschwitz (1943), auch Kafkas andere beiden Schwestern kommen in deutschen Konzentrationslagern um, Elli 1941, Valli 1942, Grete Bloch wird von Männern eines deutschen Truppenteils in Italien ermordet (1942).	
1944	Ravensbrück	Tod Milena Jesenskàs im Konzentrationslager Ravensbrück.	

1.2 Zeitgeschichtlicher Hintergrund

Kafkas Leben und Werk wurden nicht unwesentlich durch seine Heimatstadt Prag und durch seine jüdische Herkunft geprägt.

Prag, seit dem Mittelalter europäische Metropole und zeitweise Sitz der böhmischen Könige, aber auch Residenz der Habsburger, war einerseits geprägt vom Glanz seiner Vergangenheit, der, sich in charakteristischer Weise mit den neuen Aspekten einer modernen Industrie- und Verwaltungsmetropole überlagernd, das „Gesicht Prags als ‚Goldene Stadt' konturierte".[3] Andererseits war die Stadt aber auch vom Gegensatz zwischen der in den Niederungen des Moldauknies liegenden Altstadt mit ihrer Wohn- und Arbeitswelt und dem ihr quasi gegenüberliegenden weltlichen und kirchlichen „Herrschaftsbereich", symbolisiert durch den hoch gelegenen Hradschin sowie den Veitsdom, geprägt. Kafka hat diesen durch die Topografie der Stadt bedingten, aber wohl auch selbst erlebten Kontrast zwischen unten liegendem Lebensbereich und quasi nach oben entrücktem Herrschaftsbereich mehrfach in seinem Werk dargestellt, besonders deutlich im *Proceß* und im *Schloss*.

Prag gehörte bis zu seiner Auflösung 1918 zum Vielvölkerstaat der Habsburger Monarchie und diese „Vielvölkersituation" spiegelte sich im Kleinen auch in Prag wider. Die Stadt wurde von drei Nationen bewohnt: Seit dem 9./10. Jahrhundert lebten in Prag neben den einheimischen Tschechen die eingewanderten Deutschen und die (Tschechisch oder Deutsch sprechenden) Juden.

Die ständigen Auseinandersetzungen dieser drei Bevölkerungsgruppen untereinander prägten die Stadt und machten Prag

---

3 Beicken: *Franz Kafka, Der Process*, S. 18

über Jahrhunderte hinweg zum Treffpunkt westlicher und östlicher Kulturen.

Mit etwa 90 % bildeten die Tschechen zu Kafkas Lebzeiten die Bevölkerungsmehrheit der Stadt. Die deutsch-österreichische Bevölkerungsgruppe machte ca. 5 % der Gesamtbevölkerung aus und die restlichen 5 % fielen auf den jüdischen Bevölkerungsteil.[4]

Infolge der Niederlage des tschechisch-protestantischen Adels im Dreißigjährigen Krieg und der Rekatholisierung war das Tschechische zur Sprache der niederen Schichten abgesunken bei gleichzeitigem Aufstieg des Deutschen (und Französischen) zur Hofsprache.

Und noch im Prag des Habsburgerreiches des 19. Jahrhunderts bildeten die Tschechen hauptsächlich die untere und mittlere Bevölkerungsschicht, während die deutsch-österreichische Bevölkerung die dünne Oberschicht Prags stellte. Deutsch war durch Kaiser Josef II. (1765–1790) zur offiziellen Amtssprache im ganzen Habsburger Reich erhoben worden. Jedoch war um 1900 nur ca. ¼ der etwa 40.000 Einwohner Prags deutschsprachig.[5]

Durch die unter Josef II. einsetzende Verdeutschung Prags entstand bei der tschechischen Bevölkerungsgruppe als Gegenreaktion ein anti-deutscher, aber auch anti-semitischer tschechischer Nationalismus. Während die deutschsprachige Bevölkerungsgruppe kaisertreu und nach Wien ausgerichtet war, strebte die tschechische Bevölkerung zum großen Teil die Befreiung von der österreichischen Herrschaft an.

Dieser deutsch-tschechische Gegensatz spiegelte sich auch in der „Dopplung im Kulturellen"[6] wider. So gab es etwa parallel

---

4 Vgl. Beicken, S. 19, sowie Hans Dieter Zimmermann: *Franz Kafka: Der Process*, S. 5 f.
5 Vgl. Beicken, S. 19
6 Beicken, S. 19

deutsche und tschechische Theater, aber auch die deutsche Karls-Universität und die tschechische Universität sowie tschechische und deutsche Schulen.

Kafkas jüdische Herkunft
Die jüdische Bevölkerung Prags stand zwischen der verfeindeten deutschen und tschechischen Bevölkerungsgruppe, lehnte sich aber zum großen Teil der deutschen Bevölkerungsgruppe an. Das führte dazu, dass sich der Nationalismus der tschechischen Bevölkerung nicht nur gegen die Deutschen, sondern auch gegen die Juden richtete.

Viele Juden besuchten deutsche Schulen und Universitäten, weil sie (wie auch Kafkas Vater) glaubten, sich dadurch gutes berufliches Weiterkommen und gesellschaftlichen Aufstieg zu ermöglichen. So waren bei einem Bevölkerungsanteil (in Böhmen) von nur 1,46 % 1904 29,8 % der Studenten der Prager Deutschen Karls-Universität Juden. Die Juden stellten aber nur 1 % der Studenten der tschechischen Universität Prags. 29,2 % der Studenten der deutschen Technischen Hochschule waren Juden, aber nur 1,2 % der tschechischen Technischen Hochschule. 90 % aller jüdischen Kinder gingen auf deutsche Schulen.[7]

Besonders im literarischen und journalistischen Bereich waren die Juden gerade in der Generation Kafkas äußerst erfolgreich. Erwähnt seien hier nur Max Brod, Felix Weltsch, Willy Haas sowie Franz Werfel, Ernst Weiss und schließlich Franz Kafka selbst.

Dass die jüdische Bevölkerung des Habsburgerreiches (mehr oder weniger) gleichberechtigt mit und neben den anderen Nationen des Habsburger Vielvölkerstaates leben konnte, verdankt sie dem Toleranzedikt des Kaisers Josef II. und seiner Erweiterung durch Kaiser Franz Josef (1848–1916) im Jahr

---

7   Vgl. Zimmermann, S. 7

1. Franz Kafka: Leben und Werk

1849. Erst jetzt begann die sog. Emanzipation der Juden, die bisher an ein Leben in Ghettos gebunden waren. Noch Kafka erinnerte sich an das verwinkelte Prager Judenghetto, das erst zu seiner Zeit abgerissen und durch ein Viertel im Stil der Belle Epoque ersetzt wurde.

Mit der Judenemanzipation einher ging jedoch auch ein neuer aus dem tschechischen Nationalismus aufkeimender Antisemitismus. Die meisten Juden waren deutschsprachig und so enthielt die anwachsende anti-deutsche Stimmung im tschechischsprachigen Kleinbürgertum immer auch antisemitische Tendenzen. Verstärkt wurden sie zudem noch durch die relative wirtschaftliche Besserstellung der Juden. Im Nationalismus und in der Judenfeindlichkeit fand die durch die soziale Unsicherheit im Rahmen der Säkularisierung und Industrialisierung orientierungslos gewordene tschechische Unter- und Mittelschicht den Halt, den sie suchte.[8] So nahmen antisemitische Ausschreitungen trotz der Judenemanzipation und der Aufhebung der Ghettos zu. Kafka selbst wurde mehrfach mit antisemitischen Ausschreitungen konfrontiert: Als 16-jähriger Gymnasiast erlebte er die antijüdischen Ausschreitungen infolge des Sturzes der Regierung Badeni in Wien (1897). Es kam u. a. zum Prager „Dezembersturm", der sich auch gegen die sog. Tschecho-Juden richtete.

1899 wurde in Böhmen ein tschechisches Mädchen ermordet aufgefunden. Der Mord wurde einem jüdischen Hausierer angehängt und von den Antisemiten zum jüdischen Ritualmord hochstilisiert. Die Folge war eine ungeheure Welle des Judenhasses. Arnold Zweig verarbeitete dieses Ereignis in seiner Tragödie *Ritualmord in Ungarn*. Als Kafka dieses Werk 1916 las, war er tief betroffen.

aufkeimender Antisemitismus

---

8   Vgl. Zimmermann, S. 5, www.geo.uni-bonn.de/kafka

Bewusst selbst erlebt hat Kafka die gewaltsame Ausschreitung gegen Deutsche, vor allem aber gegen Juden, in Prag im November 1920. Er berichtet Milena Jesenskà darüber:

> *„Die ganzen Nachmittage bin ich jetzt auf den Gassen und bade in Judenhass. Prasivé plemeno [d. h. räudige Rasse] habe ich jetzt einmal die Juden nennen hören. Ist es nicht das Selbstverständliche, dass man von dort weggeht, wo man so gehasst wird. [...] Gerade habe ich aus dem Fenster geschaut: berittene Polizei, zum Bajonettangriff bereite Gendarmerie, schreiende auseinander laufende Menge und hier oben im Fenster die widerliche Schande, immerfort unter Schutz zu leben. "*[9]

Viele Juden hatten, wie auch Kafkas Vater, ihre Identität mit der jüdischen Religion verloren. Die religiösen Riten und Feste waren für sie nur noch zu inhaltslosen gewohnheitsmäßigen Gesten geworden. Aber auch der Versuch, eine neue Identität durch „Integration unter den fremden Völkern"[10] zu erreichen, wurde durch die antisemitischen Ausschreitungen und Stimmungen bei diesen Völkern erschwert.

So fand die Idee Theodor Herzls (1860–1904), die er 1896 in seinem Buch *Der Judenstaat. Versuch einer modernen Lösung der Judenfrage* bekannt machte, bei vielen europäischen Juden Anklang. Herzl sah als einer der Ersten das Judentum, das bisher nur als kulturelle und religiöse Gemeinschaft

> das Judentum als eine nationale Einheit

gesehen wurde, auch als eine nationale Einheit. Er verstand sich daher weniger als religiöser Führer, sondern als Politiker. In einer Zeit, in der in vielen europäischen Ländern antisemitische Stimmungen aufkeimten, suchte er die „Judenfrage" politisch zu lösen.

---

9   Franz Kafka: *Briefe an Milena*, zitiert nach Zimmermann, S. 7
10   sbg: ... *Nächstes Jahr in Jerusalem*, S. 36

Mit seiner Idee eines eigenen Judenstaates fand Herzl nicht nur Zustimmung bei den säkularisierten Juden, sondern auch für die Strenggläubigen war die von ihm geforderte „Rückkehr der Juden nach Palästina"[11] die Erfüllung uralter religiöser Forderungen. Den in der alten Heimat ansässigen Arabern wollte man das Land Stück um Stück abkaufen. So sollte allmählich ein eigener Staat auf einem eigenen Territorium entstehen.

Nach dem Berg Zion, dem Hügel des alten Jerusalem, auf dem die Burg Davids gestanden hatte, nannten sich die Juden, die für die Gründung eines neuen jüdischen Staates in Palästina eintraten, „Zionisten".

Der Zionismus stärkte das jüdische Selbstverständnis. In vielen europäischen Städten entstanden zionistische Bewegungen. 1909/1910 hielt Martin Buber Vorträge in Prag, die starken Eindruck auf Kafka machten und ihn veranlassten, sich noch stärker mit jüdischer Literatur und seiner jüdischen Herkunft zu beschäftigen.

zionistische Bewegungen

Bei Kafkas Freund Max Brod (1884–1968) vertieften die Vorträge und Begegnungen mit Martin Buber sein Verständnis des Judentums. Er wandte sich 1913 dem Zionismus zu, was zunächst zu einem Bruch in seiner Freundschaft mit Kafka führte, der zuerst eine eher abwertende Haltung zum Zionismus vertrat.

1914 führte der gewalttätige Nationalismus die Welt in die Katastrophe. Am 28. Juni 1914 erschoss der serbische (bosnische) nationalistische Student Gavrilo Principi in Sarajewo den österreichischen Thronfolger Franz Ferdinand und seine Gemahlin. Die Spuren führten nach Serbien. Trotz mehrerer Vermittlungsversuche erklärte Österreich am 28. Juli 1914 Serbien den Krieg und stürzte die Welt in den 1. Weltkrieg.

1. Weltkrieg

---

11 Robert Hess: *Die Geschichte der Juden*, S. 116

Kafka wurde gemustert, aber vom Waffendienst befreit, weil er „Beamter eines staatsnotwendigen Instituts"[12] war. Er beobachtete missmutig die patriotischen Umzüge und lauschte zynisch den Heilrufen auf den Kaiser: „Endlich hatten jüdische Handelsleute wieder einmal Gelegenheit, ihre nationalistischen Gefühle zu pflegen."[13] Kafka selbst konnte diese Gefühle nicht nachempfinden; im Gegensatz zu den begeisterten Zuschauern, die die österreichische Artillerie am 6. August nach der österreichischen Kriegserklärung an Russland jubelnd mit Blumen begrüßten, fühlte sich Kafka elend und unzufrieden.[14]

Nach anfänglichen Kriegserfolgen verließ Österreich-Ungarn und seine Verbündeten das Glück. Als 1916 Kaiser Franz Josef starb, folgte ihm sein Großneffe Karl I. auf den Thron. Er war dem Herrscheramt jedoch weder menschlich noch von seiner Vorbildung als Kavallerieoffizier her gewachsen. Um an Popularität zu gewinnen, machte er sich zum Sprecher des Friedenswillens seines Volkes. Seine heimlichen Verhandlungen mit den Alliierten wurden jedoch publik und Österreich-Ungarn wurde von seinem Verbündeten Deutschland zur Bündnistreue gezwungen, war aber immer weniger mit dessen Kriegszielen einverstanden.

Der österreichisch-habsburgische Vielvölkerstaat bot den Alliierten eine gute Angriffsfläche, denn gegen das Versprechen der nationalen Selbstständigkeit waren die verschiedenen Volksgruppen nur zu gerne bereit, aus dem als erzwungen empfundenen Staatsgebilde auszubrechen. So gab es im Ausland bereits einen von Masaryk und Benesch geführten tschechischen Nationalrat. Ein kaiserlicher Erlass über einen föde-

---

12 Hayman, S. 217
13 Ebd., S. 215
14 Vgl. Tagebucheintrag vom 6. August 1914 (Kafka: *Tagebücher*, S. 305)

rativen Aufbau des Staates vom 16. Oktober 1918 wurde daher auch nicht mehr ernst genommen.

Das Versprechen des amerikanischen Präsidenten Wilson und der Alliierten, den Völkern Österreich-Ungarns Selbstständigkeit zu gewähren, gab den heftigen nationalen Unruhen in Prag, Budapest, Lemberg und Agram vielmehr noch starken Auftrieb. Kaiser Karl I. hoffte zwar immer noch durch das Angebot eines Sonderfriedens in letzter Minute die Staatseinheit retten zu können, aber der Zerfall des Reiches war nach dem Zusammenbruch der österreichischen Front in Italien und trotz des Waffenstillstands vom 3. November 1918 nicht mehr aufzuhalten.

Wie schon lange vorgesehen wurde die Doppelmonarchie schließlich aufgeteilt. Neben Österreich und Ungarn entstanden als neue Staaten die Tschechoslowakei und Jugoslawien. Offen blieb allerdings, ob diese Staaten für sich allein überhaupt lebensfähig waren. Auch die Nationalitätenfrage blieb unzureichend gelöst.

> neue Staaten: Tschechoslowakei und Jugoslawien

Prag wurde Hauptstadt der neu entstandenen Tschechoslowakei, die überwiegend aus tschechischen, slowakischen und sudetendeutschen Gebieten entstanden war. Politisch führten die Tschechen das Land. Schon bald kam es aber zu Auseinandersetzungen der Tschechen mit dem deutschen und dem slowakischen Volksteil. Zwar hatten die Tschechen 1918 den Slowaken die Selbstverwaltung versprochen, hielten sich aber nicht daran. Die Folge war, dass später fast die Hälfte der Bevölkerung der Tschechoslowakei, nämlich etwa 2 Millionen Slowaken, 3 Millionen Deutsche und mehrere 100.000 Ukrainer und Magyaren in Opposition zur Prager Regierung standen.[15]

---

15 Vgl. hierzu u. a. Eugen Kaiser (Hrsg.): *Grundzüge der Geschichte, Band 4*, S. 45–96

1.3 Angaben und Erläuterungen zu wesentlichen Werken

Im Gesamtwerk Franz Kafkas bildet das **erzählerische Werk** nur ein „schmales Œuvre".[16] Weit umfangreicher sind Kafkas **Tagebücher** und **Briefe**. Daneben hat er in seiner Funktion als Beamter der Arbeiter-Unfall-Versicherungsanstalt zahlreiche **Aufsätze** über Unfallverhütung geschrieben.

Auf das Gesamtwerk näher eingehen zu wollen, würde daher den Rahmen dieser Publikation sprengen; so können im Folgenden nur einige seiner bedeutendsten Schriften vorgestellt werden.

Zeitlebens litt Kafka unter seinem ihm übermächtig erscheinenden Vater. In dem zwischen dem 10. und 13. November 1919 entstandenen über 100 Seiten langen *Brief an den Vater* legt Kafka umfassend **seine** Sicht des Vaters und ihrer Beziehung dar.

Kafkas problematisches Verhältnis zu seinem Vater

Immer wieder erwähnt Kafka hier Begebenheiten, bei denen sein Charakter und seine Lebensauffassung mit der des Vaters zusammenstoßen und immer sind es Begebenheiten, bei denen der schwächere Sohn zurücksteht.

Wollte man den Brief aber (nur) als „Abrechnung" mit dem Vater sehen,

> „würde dies seinem Inhalt, vor allem aber seinem Stil nicht gerecht – der Brief ist vielmehr eine Analyse ihres gemeinsamen Lebens; er ist eine Gelegenheit, die Kafka nutzte, um dem Vater ihre Beziehung aus seiner Sicht erschöpfend darzustellen."[17]

---

16 Zeitschrift *Literaturen* 1/2 II 2003, S. 1
17 www.geo.uni-bonn.de/kafka

Zwar verteidigt Kafka vordergründig die Person und die Wesensart seines Vaters, unbewusst macht er sie ihm jedoch zum Vorwurf. Der Brief ist also kein Dokument, das aus spontaner Leidenschaft geschrieben wurde, dafür ist er rhetorisch viel zu versiert. Kafka verstärkt seine Zielsetzung noch dadurch, dass er die beschriebenen Ereignisse interpretiert, statt sie chronologisch und wertfrei wiederzugeben. Bei dieser Vorgehensweise bleibt eine subjektive Verzerrung der Ereignisse und Handlungen natürlich nicht aus.

Kafkas Vater hat den Brief wohl nie erhalten, vielmehr wurde er in Kafkas Nachlass gefunden. Das und der rhetorisch-künstlerische Stil des Briefes machen ihn zu einem „komplex komponierte[n] Werk"[18], das wohl ebenso sehr Literatur ist wie biografisches Dokument.

Auch die berühmten *Briefe an Felice*, die Kafka vom 13. August 1912 über fünf Jahre hinweg an seine Verlobte Felice Bauer schrieb, sind ein Werk, aus dem „uns ein manipulierender und überreizter Kafka entgegenzutreten"[19] scheint. Für Elias Canetti sind die *Briefe an Felice* sogar das größte von Kafkas **literarischen** Kunstwerken.[20]

Sowohl im *Brief an den Vater* als auch in den *Briefen an Felice* tritt uns nicht das biografische Ich Kafkas entgegen, sondern Kafka erscheint als literarische Kunstfigur. Er zeigt sich in seinen Briefen so, wie er von Felice (und vielleicht auch von der lesenden Nachwelt) gesehen werden wollte.

Das Bild, das Kafka hier sowie in vielen anderen Briefen und Tagebuch-Aufzeichnungen von sich selbst malt, entspricht nämlich nicht dem Bild, das sein persönliches Auftreten bei anderen hinterließ. Kafka hat das selbst bemerkt und wiederholt thematisiert. So spricht er auch in einem Brief an Felice

---

18 Sander L. Gillman: *Die Ängste des jüdischen Körpers*, S. 17
19 Ebd., S. 17
20 Vgl. ebd., S. 17

fast schon zwanghaften Neigung zur Selbstdarstellung

vom 19. März 1913 von seiner fast schon zwanghaften Neigung zur Selbstdarstellung.

Kafka hatte Felice Bauer einen Abend lang im Hause seines Freundes Max Brod kennen gelernt. Diese kurze Begegnung löste eine Flut von „Liebes"-Briefen aus. Dabei bleibt offen, ob er Felice Bauer im fernen Berlin wirklich liebte, denn nur die körperliche Abwesenheit Felices machte es Kafka überhaupt möglich, einen Briefwechsel von solch enormem Ausmaß mit ihr zu führen:

> *„Die durch sie gegebene Verbindung aus menschlicher Nähe und Distanz wurde für Kafka zur einigermaßen erträglichen und daher fast idealen Bedingung einer literarischen Existenz. Nur in dieser prekären Balance überhaupt ließ sich ein Liebesverhältnis so lange aufrechterhalten, das Kafka mit dem Satz charakterisierte: ‚Ich kann mit ihr nicht leben und ich kann ohne sie nicht leben.‘"*[21]

Hauptinhalte von Kafkas Briefen sind daher weniger Liebesbezeugungen als Kafkas Konflikt zwischen Schriftstellerexistenz und der Existenz als Ehemann. Immer wieder malt er Felice das (unerträglich schwere) Leben als Ehefrau an seiner (Schriftsteller-)Seite in den krassesten Farben. Man weiß schließlich nicht mehr, ob Kafka seine „unerträglichen" Eigenschaften aufzählt, um Felice von einer Ehe mit ihm abzuhalten oder ob er bei ihr schon im Voraus Nachsicht für seine Eigenheiten erlangen will.

Als Kafka schließlich im Brief vom 10./16. Juni 1913, einem der wohl merkwürdigsten literarischen Heirats- bzw. Verlobungsanträgen, um Felices Hand bittet, formuliert er die-

---

21 Anz, *Kafka*, S. 103

sen Antrag so doppeldeutig-zögernd, dass rhetorisch gesehen die Ablehnung als selbstverständlich erscheinen muss. [22]

Im September 1913 „flieht" Kafka vor der Verlobung nach Riva und hat dort ein Verhältnis mit einer jungen Schweizerin. Der Briefverkehr mit Felice bleibt 6 Wochen unterbrochen. Als Felice ihre Freundin Grete Bloch schließlich zur Vermittlung zu Kafka nach Prag schickt, entsteht zwischen Kafka und ihr eine Brieffreundschaft, die bald vertraulicher und herzlicher erscheint als Kafkas Briefe an Felice.

Briefverkehr mit Felice

Die offizielle Verlobung mit Felice am 1. Juni 1914 wird von Kafka wie die Verhaftung und Fesselung eines Verbrechers empfunden[23] und, nachdem Grete Bloch Felice die Korrespondenz zwischen ihr und Kafka gezeigt hatte, wieder gelöst (s. Kapitel 2.1).

Erst im Oktober/November 1914 nimmt Kafka auf Vermittlung Grete Blochs wieder Verbindung mit Felice auf. Der auch diesmal wieder primär „berufliche" Kontakt führt immerhin wieder zur Ver- und Entlobung und hielt bis 1917, als aufgrund von Kafkas tödlicher Erkrankung der Kontakt endgültig abbrach.

Seine bereits am 23. September 1912 entstandene Erzählung *Das Urteil* interpretiert Kafka in einem Tagebuch-Eintrag vom 14. August 1913 in Bezug auf sein Verhältnis zu Felice.[24]

Dies und die in der Erzählung artikulierte Not des jungen Mannes, der vom hyperdominanten Vater an der Verwirklichung der eigenen Lebensziele gehindert wird, dessen Verlobung missbilligt und dessen beruflicher Erfolg als Nutznießertum abgewertet wird, fordert die biografische Lesart geradezu heraus.

---

22 Vgl. Kafka: *Briefe an Felice*, S. 400, s. hierzu auch Anz, S. 105
23 Vgl. Kafka: *Tagebücher*, S. 280
24 Ebd., S. 231

Dieser biografische Interpretationsansatz allein wird der Erzählung jedoch nicht gerecht. Bei genauerem Lesen fällt nämlich auf, dass auch der Sohn nicht unschuldig an seinem Untergang ist. Er ist unfähig, mit der Außenwelt in eine emotionale Beziehung zu treten. So „verdrehen" sich die Verhältnisse: Der kranke, gelähmte Vater ist der Lebendigere. Er ist in der Lage, zwischenmenschliche Kontakte einzugehen. Der körperlich gesunde Sohn hingegen ist emotional gelähmt, „quasi autistisch"[25]. Nach der Logik des Textes ist das „vitale Prinzip"[26] berechtigt, das emotional Tote auszuschließen. So gesehen ist das Urteil keine persönliche Abrechnung, sondern ein fast naturhafter Vorgang. Der Sohn erkennt das an und akzeptiert das Urteil, das er an sich selbst ausführt. „Die Erkenntnis der Ausgeschlossenheit von der menschlichen Gemeinschaft lässt keinen anderen Ausweg als den Tod, ja ist bereits der Tod."[27]

Eine von Kafkas bekanntesten Erzählungen, *Die Verwandlung,* entstand ebenfalls in der Zeit der „Beziehung" zu Felice Bauer. In mehreren Briefen schildert er ihr seine Arbeit an der Erzählung. Kafkas persönliche Situation während der Entstehung der Erzählung stand unter keinem guten Stern. Seine Empfindung, er fühle sich „mit einem Fußtritt aus der Welt geworfen"[28], zeigt deutlich seine innere Verfassung zur Entstehungszeit.

In der Erzählung erwacht der junge Handlungsreisende Gregor Samsa eines Morgens und findet sich in ein riesiges Insekt verwandelt. Er muss nun erleben, wie seine Familie, für die er durch seinen ungeliebten Beruf gesorgt

Gregor Samsa in ein riesiges Insekt verwandelt

---

25 www.xlibris.de (Kafka: *Das Urteil*)
26 Ebd.
27 Ebd.
28 Zitiert nach Ingeborg Scholz: *Erläuterungen*, S. 23

hatte, sich nach anfänglicher (scheinbarer) Sorge und „Akzeptanz" immer mehr von ihm abwendet. Er stirbt schließlich allein und abgeschoben in seinem als Rumpelkammer benutzten Zimmer und wird von dem Hausmädchen wie Unrat entsorgt.

Auch hier sind die autobiografischen Ansätze der Erzählung unverkennbar. Selbst die Kritik an der väterlichen Autorität findet sich wieder. Die Erzählung aber deshalb nur als Ausdruck der Minderwertigkeitsgefühle Kafkas zu interpretieren, ist sicherlich zu kurz gegriffen.

autobiografische Ansätze unverkennbar

Vielmehr kann man in der Verwandlung den Protest Gregor Samsas gegen seinen ungeliebten Beruf als Reisender, den ihm seine Familie als Broterwerb zu ihrer Versorgung aufgezwungen hat, sehen.[29]

Seine Existenz als Käfer und der Umgang mit dieser Situation zwingt seine Familie, ihr wahres Gesicht zu zeigen. Als Ernährer der Familie, dessen ganzes Sinnen und Trachten nur allein auf dieses Ziel gerichtet war, ist Gregor unbrauchbar geworden. Man zeigt ihm, dass man gezwungen ist, nun seinetwegen selbst Geld zu verdienen und ihn doch nicht so ohne weiteres los werden kann. Aber man vernachlässigt ihn, negiert seine menschliche Existenz, indem man kein Wort mit ihm wechselt und mit seinen Möbeln auch die Erinnerung an diese Existenz entfernt. Das Insekt wird zum „Stachel im Fleisch der Familie, zu jener Wahrheit, die die Familie verdrängen will."[30]

Gregor muss am Ende seine Überflüssigkeit, die völlige Sinnlosigkeit seines Lebens erkennen. Seine Familie, die scheinbar ohne seine Arbeit unfähig war zu überleben, erkennt nach seinem Tod selbstzufrieden, dass sie sehr wohl sich selbst erhalten kann und dass es ihr jetzt nicht schlechter geht als zur Zeit ihres Ernährers Gregor.

---

29 Vgl. Gerd Sautermeister: *Die Verwandlung*, S. 9904
30 Ebd., S. 9904

Aber die merkwürdige Ähnlichkeit im Verhalten und Denken Gregors vor und nach seiner Verwandlung zum Käfer legt noch eine weitere Interpretationsmöglichkeit nahe:

> *„Eine Verwandlung hat gar nicht stattgefunden. Gregor Samsa ,erwacht' eines Tages und erblickt die Wirklichkeit – seinen völlig sinnenthobenen beruflichen Alltag, das Fehlen menschlicher Wärme, die Armut seines Gefühlslebens und nicht zuletzt auch die Entfremdung vom eigenen Körper und seinen Bedürfnissen. Hier hat das Bild des mit dem ,flimmernden' Gliedern hilflos auf dem Rücken liegenden Käfers seine unmittelbare Plastizität."*[31]

Neben den **Briefen, Tagebüchern** und **Erzählungen** hat Kafka noch drei große **Roman(fragmente)** verfasst. Einmal den wohl auch als Reaktion auf die Entlobung mit Felice Bauer entstandenen *Proceß,* der Kafkas Weltruhm begründet, sowie *Der Verschollene,* der von Max Brod bei der Herausgabe in *Amerika* umbenannt wurde, und *Das Schloss.*

Schildert Kafka in einer Art albtraumhaften Straf- und Schuldphantasie in seinem vielschichtigen Roman *Der Proceß* den vergeblichen (z. T.) tragisch-grotesken Versuch des Josef K., nach seiner merkwürdigen Verhaftung bis zum Gericht vorzudringen, so scheitert die Hauptfigur K. aus *Das Schloss* mit ihrem Wunsch, zur Schlossbehörde zu gelangen.

Kafkas 1922 entstandener und 1926 erschienener Roman *Das Schloss* zählt neben dem *Proceß* zweifellos zu den rätselhaftesten Romanen der Weltliteratur. In vieler Hinsicht verweist er auf den *Proceß,* sei es im gemeinsamen Namen der Hauptpersonen oder im vergeblichen Versuch beider, zu einer weit über den Menschen stehenden Behörde vorzudringen.

---

31 www.xlibris.de (Kafka: *Die Verwandlung*)

Wie beim *Proceß* gibt es neben den unverkennbaren autobiografischen Spiegelungen auch zum *Schloss* die unterschiedlichsten Deutungsansätze.[32] Aber wie in allen Werken Kafkas kann man auch beim *Schloss* keine eindeutige Zuordnung vornehmen.

keine eindeutige Zuordnung

> *„Vielmehr scheint es um abstraktere Strukturen zu gehen, die mit dem Verhältnis von Individuum und Gesellschaft zu tun haben. Es geht dem Individuum darum, einen Platz in der Gesellschaft zu finden und als ihr Mitglied aufgenommen zu werden. Kafkas Werk lässt die Alpträume eines Menschen Realität werden, der das Gefühl hat, ihm werde die fundamentale Anerkennung als Mitmensch verweigert. Diese selbstverständliche Anerkennung muss erst von einer mächtigen Behörde ausgesprochen werden.“*[33]

Das Romanfragment *Der Verschollene* bzw. *Amerika* ist zwar schon 1913 kurz nach der Erzählung *Das Urteil* entstanden, wurde von Max Brod allerdings als letzter Roman erst 1927 aus dem Nachlass Kafkas veröffentlicht. Bei dieser Fassung handelt es sich um die Zweitfassung des Romans. Eine erste Fassung von 1911/1912 wurde von Kafka als misslungen betrachtet und ist bis heute verschollen.

Der Roman erzählt von dem 16-jährigen Karl Roßmann, der von seinen Eltern, weil ihn ein Dienstmädchen verführt und ein Kind von ihm bekommen hat, nach Amerika geschickt wurde. Hier versucht er in verschiedenen Berufen Fuß zu fassen, scheitert aber immer wieder durch die Schuld anderer.

Der Roman bildet in vielerlei Hinsicht eine Ausnahme in Kafkas Schaffen. Ihm fehlt die albtraumhafte beängstigende Unerklärlichkeit vieler anderer Werke Kafkas. Kafka selbst

---

32 Vgl. hierzu u. a. Cerstin Urban: *Erläuterungen zu Franz Kafkas Amerika, Der Prozess, Das Schloss*, S. 47–50 u. Gerd Sautermeister: *Das Schloss*, S. 8503–8505
33 www.xlibris.de (Kafka: *Das Schloss*)

muss das empfunden haben, als er Max Brod gegenüber betonte, „dass dieser Roman hoffnungsfreudiger und ‚lichter‘ sei als alles, was er sonst geschrieben hat."[34]

Allerdings finden sich auch in diesem Roman bereits Motive, die Kafka in seinen späteren Werken verwendet hat, etwa die undurchschaubare und unfassbare bürokratische Berufsklassenstruktur im Hotel Occidentale, die bereits auf die undurchschaubare Richter- und Beamtenhierarchie der späteren Romane hinweist. Auch umkreist der junge Karl Roßmann wie später der Landvermesser K. im *Schloss* und Josef K. im *Proceß* ein sich ihm immer wieder entziehendes Ziel: „Ihm ... gelingt es nicht oder nur vorübergehend, in diese Welt aus eigengesetzlicher, entpersönlichender Perfektion und Grausamkeit einzudringen."[35]

Obwohl Karl wiederholt extrem ungerecht behandelt wird, nimmt er sein Schicksal geduldig auf sich und erweist sich so als typische Kafkafigur. Allerdings unterscheidet sich der naiv-unbeschwerte 16-jährige gutwillige Junge deutlich von den „marionettenhaften, negativen Helden der späteren Romane ... seine Situation ist nicht tragisch, seine ganze Lebenslandschaft weniger gespenstisch und irreal."[36]

---

34 Zitiert nach www.xlibris.de (Kafka: *Amerika*)
35 Redaktion Kindlers Literatur Lexikon: *Amerika*, S. 977
36 Ebd., S. 977

2. Textanalyse und -interpretation

2.1 Entstehung und Quellen

Die Entstehung des Romans *Der Proceß* ist sehr eng mit Kafkas eigener Lebenssituation verbunden.
Die Entlobung von Felice Bauer am **Entlobung von Felice Bauer**
12. Juli 1914 war ein wichtiger Anstoß zur Niederschrift des Romans. Die Lösung der Verlobung mit Felice, die er seit ihrer ersten Begegnung am 13. August 1912 ständig mit Briefen „überschüttet" hatte, in denen er sein „Schwanken" in dieser Beziehung dokumentierte (s. Kapitel 1.3), fand im Hotel „Askanischer Hof" in Berlin in Anwesenheit von Grete Bloch, Felices Schwester Erna Bauer sowie Kafkas Freund Ernst Weiss statt und wurde von Kafka selbst als „Gerichtshof"[37] empfunden. Er selbst hatte sich schon nach seiner Verlobung wie ein „Verbrecher"[38] gefühlt. Aus diesem Schuldempfinden heraus entstand der Roman *Der Proceß*. Kafka brauchte das Schreiben quasi als Therapie. Seine Tagebuchnotiz vom 28. Juli 1914: „Wenn ich mich nicht in eine Arbeit rette, bin ich verloren"[39] kann auch auf seine damalige Situation bezogen werden. Bereits einen Tag später beginnt er im Tagebuch mit einem Erzählfragment, dessen Hauptperson Josef K. heißt. Dieses Fragment kann als „Keimzelle" für den späteren Roman *Der Proceß* betrachtet werden.

Neben der Entlobung mit Felice Bauer kann aber auch der Ausbruch des 1. Weltkrieges als weiterer Anstoß zur Arbeit am *Proceß* gesehen werden. Aus seinen Tagebucheinträgen geht hervor, **Ausbruch des 1. Weltkrieges**

---

37 Tagebucheintrag vom 23. Juli 1914 (Kafka: *Tagebücher*, S. 297)
38 Tagebucheintrag vom 6. Juni 1914 (Kafka: *Tagebücher*, S. 280)
39 Kafka: *Tagebücher*, S. 292

dass Kafka eine recht kritisch-ablehnende Einstellung gegenüber dem Militarismus[40], noch mehr aber gegenüber den nationalistischen Kriegspropagandareden und -umzügen hatte, die er als „eine der widerlichsten Begleiterscheinungen des Krieges"[41] bezeichnete. Besonders das nationalistische Getue der jüdischen Handelsleute erweckte seine Abscheu. „Das Schreiben ist Kafkas ‚Kampf um die Selbsterhaltung', also auch sein Mittel, sich gegen die nationalistischen und militärischen Ausbrüche zu wehren."[42]

Der Beginn des 1. Weltkrieges brachte für Kafka aber auch eine Veränderung seiner häuslichen Situation, die sich auf seine Arbeit positiv auswirken sollte. Als nach der allgemeinen Mobilmachung am 31. Juli 1914 die beiden Schwäger Kafkas zur K. u. K.-Armee eingezogen wurden, sah sich seine Schwester Elli gezwungen, mit ihren Kindern zu ihren Eltern zu ziehen. Kafka, der bisher bei seinen Eltern gelebt hatte, musste die elterliche Wohnung verlassen und zog in die Wohnung seiner Schwester Valli.

Er konzentrierte sich mit aller Kraft aufs Schreiben und hielt einen strengen Tagesplan ein.[43] Nach mehreren unbefriedigenden Anläufen brach ab dem 11. August 1914 eine wahre Schaffensflut über Kafka herein. Er begann die

ab dem 11. August 1914 eine wahre Schaffensflut

Arbeit am *Proceß*. Zuerst schrieb er das Anfangs- und das Schlusskapitel des Romans, um dann die Mittelkapitel „ausspinnen"[44] zu können. Diese sind dann auch nur noch ungefähr aufeinander bezogen. Anfang September 1914 zog Kafka in die leer stehende Wohnung seiner Schwester Elli.

---

40 Vgl. u. a. Tagebucheintrag vom 6. August 1914 (Kafka: *Tagebücher*, S. 305)
41 Ebd., S. 306
42 Zimmermann, S. 12
43 Vgl. Heribert Kuhn: *Kommentar*, in: *Kafka, Prozeß*, Suhrkampausgabe, S. 293 f.
44 Ebd., S. 293

Hier entstanden bis Anfang Oktober 1914 ca. 2/3 des Romans, dann stockte sein Schreibfluss.

Primär um „den Roman vorwärts zu treiben"[45] nahm Kafka sich eine Woche Urlaub. Nach anfänglichen Schwierigkeiten ging die Arbeit gut voran. Wenn er mit dem *Proceß* nicht weiter kam, schrieb er an anderen Texten. Seine Tagebucheinträge belegen, dass er bis Dezember 1914 (der ersten Phase seiner Arbeit am *Proceß*) auch die Erzählung *In der Strafkolonie*, das Kapitel „Das Naturtheater von Oklahoma" (für den Roman *Der Verschollene/Amerika*) sowie die kleineren Erzählungen *Erinnerung an die Kaldabahn*, *Der Unterstaatsanwalt* und *Der Dorfschullehrer* geschrieben hat.

Am 15. Oktober 1914 erhielt Kafka einen Brief von Grete Bloch, die immer wieder als Vermittlerin zwischen ihm und Felice fungierte.

> „Von diesem Zeitpunkt an näherte sich der ‚Proceß' um Schuld und Erlösung, an dem Kafka arbeitet, wieder dem ‚Prozess' an, den er mit Felice seine Ehetauglichkeit betreffend führt. Die Außenwelt, der Kafka seit Monaten ganz auf sich und sein als Verpflichtung empfundenes Schreiben konzentriert widersteht, hat sich erneut geltend gemacht."[46]

Kafka schrieb schließlich Ende Oktober/Anfang November 1914 erstmals seit seiner Entlobung wieder an Felice Bauer. Er schilderte ihr detailliert seinen Arbeits- und Zeitplan, den er seit drei Monaten einhielt.

> „Gerade dadurch aber, dass er Felice mit allen Details vom gelungenen Leben als schreibender Eremit berichtet, gesteht Kafka unausgesprochen ein, dass er dabei ist, der Einsamkeit wieder zu entfliehen."[47]

---

45 Tagebucheintrag vom 7. Oktober 1914 (Kafka: *Tagebücher*, S. 318)
46 Kuhn: *Kommentar*, in: *Kafka, Prozeß*, Suhrkamp, S. 295
47 Ebd., S. 295

Im Folgenden entstanden dann auch nur noch Textpassagen, die bereits vorhandene Kapitel des *Proceß* ergänzten oder selbst unvollendet blieben. Am 30. November 1914 musste Kafka sich schließlich eingestehen:

> *„Ich kann nicht mehr weiterschreiben. Ich bin an der endgültigen Grenze, vor der ich vielleicht wieder jahrelang sitzen soll, um dann vielleicht wieder eine neue, wieder unfertig bleibende Geschichte anzufangen. Diese Bestimmung verfolgt mich. Ich bin aber auch wieder kalt und sinnlos, nur die greisenhafte Liebe für die vollständige Ruhe ist geblieben. Und wie irgendein gänzlich von Menschen losgetrenntes Tier schaukele ich schon wieder den Hals und möchte versuchen, für die Zwischenzeit wieder F. zu bekommen. Ich werde es auch wirklich versuchen, falls mich die Übelkeit vor mir selbst nicht daran hindert."*[48]

Nachdem ihm nur noch Fragmente und Ergänzungen zum *Proceß* gelangen, fällte er schließlich am 20. Januar 1915 die endgültige Entscheidung: „Ende des Schreibens." Es blieb allerdings auch die sehnsüchtige Frage: „Wann wird es mich wieder aufnehmen?"[49]

---

48 Kafka: *Tagebücher*, S. 323
49 Kafka: *Tagebücher*, S. 334

2.2 Inhaltsangabe

Verhaftung (S. 9–25)

Als der höhere Bankbeamte Josef K., der bei Frau Grubach zur Untermiete wohnt, nach seinem Frühstück läutet,

der höhere Bankbeamte Josef K. wird verhaftet

wird er von zwei Gerichtsbeamten („Wächtern", u. a. S. 11) quasi aus dem Bett heraus verhaftet. Dabei wird er von der älteren Frau, die gegenüber wohnt, vom Fenster aus genau beobachtet.

Die Wächter (Franz und Willem) geben K. keine Begründung für seine Verhaftung, begutachten aber schon seine Wäsche und empfehlen ihm, sie lieber ihnen zu überlassen als sie ins Gerichtsdepot zu geben, weil dort öfter Betrügereien vorkämen und außerdem die Sachen der Angeklagten häufig verkauft würden, ohne Rücksicht, ob ihr Prozess zu Ende sei. Der Besitzer bekäme dann zwar den Verkaufserlös, aber der sei durch Bestechung etc. sehr gering.

K. glaubt an einen üblen Scherz seiner Kollegen zu seinem Geburtstag. Trotzdem geht er in sein Zimmer und sucht seine Legitimationspapiere. Seine Vermieterin, Frau Grubach, die zufällig eintreten will, schließt wieder verlegen die Tür. Während die Wächter sein Frühstück essen, erklären sie K., dass Frau Grubach nicht eintreten durfte, weil er verhaftet sei (vgl. S. 13).

Als K. nachfragt und nach dem „Verhaftbefehl" (S. 14) fragt, erklären ihm seine Wächter, dass sich die Behörde vor der Verhaftung sehr genau über die Verhaftungsgründe und die Person des zu Verhaftenden informiere und dass es daher keinen Irrtum gäbe. Die Behörde suche zudem auch nicht nach der Schuld, sondern werde, wie es im Gesetz hieße, von der Schuld angezogen (vgl. S. 14). Als K. einwendet, dass er dieses Gericht nicht kenne, erklären ihm die Wächter, dass er es wohl noch zu fühlen bekomme.

K. hält die Wächter für zu dumm, den wahren Sachverhalt zu kennen, und glaubt, mit ihrem Vorgesetzten den Irrtum aufklären zu können. Als K. bemerkt, dass seine alte Nachbarin und ein noch älterer Greis ihn weiterhin vom Fenster aus beobachten, will er dieser „Schaustellung" (S. 15) ein Ende bereiten und verlangt von den Wächtern, ihren Vorgesetzten zu sprechen. Die Wächter weisen ihn zurecht, bieten ihm aber an, für sein Geld ein Frühstück zu kaufen. K. will sich nicht mit den Wächtern anlegen und geht in sein Zimmer.

Hier isst er als Frühstücksersatz einen Apfel und überlegt, dass die Wächter dumm und leichtsinnig seien, ihn allein in seinem Zimmer zu lassen, wo er dort leicht Selbstmord begehen könne. Dass sei jedoch zu sinnlos, um es zu realisieren. K. trinkt zwei Gläschen Schnaps, eins als Frühstücksersatz, eins, um sich Mut zu machen.

Plötzlich wird K. von den Wächtern darüber informiert, dass er zum Aufseher kommen soll. Als er nur im Hemd gehen will, nötigen ihn die beiden Wächter, seinen besten schwarzen Rock anzuziehen.

K. wird in das leere Zimmer seiner Pensionsmitbewohnerin, Fräulein Bürstner, geführt, die er nur flüchtig kennt. Hier erwartet der Aufseher ihn hinter dem Nachttischchen, das quasi als Verhandlungstisch in die Mitte des Zimmers gerückt worden ist. K. bemerkt noch drei junge Männer in dem Zimmer und sieht wieder seine alten Nachbarn am Fenster, die ihn nun zusammen mit einem Mann mit blondem Spitzbart weiterhin interessiert beobachten.

K. glaubt in dem Aufseher endlich „einem vernünftigen Menschen gegenüberzustehn und über seine Angelegenheit mit ihm sprechen zu können" (S. 19). Er sagt dem Aufseher, dass er das Ganze wohl nicht als Spaß ansehen könne, also zwar verhaftet sei, aber nicht die geringste Schuld finden könne. Er verlangt zu erfahren, von wem er angeklagt sei und welche Behörde das Verfahren führe.

> Frage nach der Ursache der Verhaftung

Der Aufseher, der während des ganzen Gesprächs mit den Gegenständen auf dem Nachttischchen spielt, erklärt K., dass er ihm nur mitzuteilen habe, dass er verhaftet sei und dass er mehr an sich denken solle.

K. gerät in eine gewisse Aufregung und versucht, die Angelegenheit durch den Vorschlag eines versöhnenden Händedrucks zu beenden (vgl. S. 22). Der Aufseher geht aber nicht darauf ein und erklärt K. vielmehr, dass er seinen gewohnten Lebenslauf trotz der Verhaftung weiterführen könne und wohl in die Bank zur Arbeit gehen wolle. Er habe daher auch drei Mitarbeiter K.'s hergebeten. Erst jetzt erkennt K. in den drei jungen Männern drei niedere Beamte der Bank (Rabensteiner, Kullych und Kaminer). Gemeinsam verlassen sie die Pension und fahren mit einem Taxi zur Bank. Dabei beobachten sie den Mann mit dem blonden Spitzbart, der gerade das gegenüberliegende Haus verlässt.

Stichwörter/wichtige Textstellen

„... war es eine Komödie, so wollte er mitspielen." (S. 13)

„Unsere Behörde ... sucht doch nicht etwa die Schuld in der Bevölkerung, sondern wird wie es im Gesetz heißt von der Schuld angezogen und muss uns Wächter ausschicken." (S. 14)

„... er kenne das Gesetz nicht und behauptet gleichzeitig schuldlos zu sein." (S. 15)

Gespräch mit Frau Grubach – Dann Fräulein Bürstner (S. 26–40)

Der Tag ist unter anstrengender Arbeit und mit vielen Geburts-
tagswünschen schnell vergangen. K. glaubt, dass in der ganzen Wohnung der Frau Grubach durch die morgendlichen
Vorgänge eine große Unordnung entstanden sei, dass aber,
sobald er diese Ordnung wieder hergestellt habe, alles wieder
seinen alten Gang nehme. Auch von den drei Bankbeamten
„war nichts zu befürchten" (S. 26). K. hatte sie mehrfach an
diesem Tag in sein Büro gerufen, aber kein auffälliges Verhalten bei ihnen feststellen können.

Entschuldigung bei Frau Grubach Nach der Arbeit geht er zu Frau Grubach, um sich für die Vorgänge am
Morgen zu entschuldigen. Sie sitzt mit ihrem Strickstrumpf
vor einem Haufen alter Strümpfe, die sie stopfen will, ist sehr
freundlich zu ihm und will keine Entschuldigung hören. K.
bemerkt, dass in der Wohnung wieder alles in seinem alten
Zustand ist.

Als er darauf zu sprechen kommt, dass die morgendlichen
Vorkommnisse ihr unnötige Arbeit verursacht hätten, versucht Frau Grubach ihn zu beruhigen und gesteht ihm, dass
sie am Morgen an der Tür gelauscht und auch mit den Wächtern gesprochen habe. K. solle die Sache nicht so schwer nehmen, er sei zwar verhaftet worden, aber nicht wie ein Dieb,
sondern es sei ihr wie „etwas Gelehrtes" (S. 28) vorgekom-
men.

K. erklärt ihr, dass er diese Verhaftung „nicht einmal für etwas Gelehrtes, sondern überhaupt für nichts" (S. 29) halte und
nur dadurch, dass er sich habe überrumpeln lassen, sei
überhaupt etwas geschehen. In der Bank, wo er aufgrund
seiner Arbeit und Position immer geistesgegenwärtig sein müsse, hätte ihm so etwas überhaupt nicht passieren können. K.

möchte die Sache mit einem Handschlag beenden, aber Frau Grubach ist „ein wenig befangen" (S. 29) und bittet K. nur, die Sache nicht zu ernst zu nehmen.

K. erkennt, dass die Zustimmung Frau Grubachs eigentlich für ihn wertlos ist, und erkundigt sich beim Verlassen ihrer Wohnung, ob Fräulein Bürstner zu Hause sei, weil er sich auch bei ihr für die Vorgänge am Morgen entschuldigen wolle. Frau Grubach sagt ihm, dass das nicht nötig sei, weil Fräulein Bürstner, da sie den ganzen Tag nicht zu Hause gewesen sei, von den Vorgängen in ihrem Zimmer nichts bemerkt habe und das Zimmer zudem in seinen alten Zustand gebracht worden sei.

Frau Grubach versteht eine Bemerkung K.'s über Fräulein Bürstners spätes Heimkommen falsch und erzählt ihm, dass sie Fräulein Bürstner in diesem Monat bereits zweimal in entlegenen Straßen mit fremden Herren gesehen habe. K. reagiert darauf wütend und nimmt Fräulein Bürstner in Schutz, indem er behauptet, er kenne sie sehr gut und Frau Grubach befinde sich im Irrtum. Frau Grubach entschuldigt sich mit der Bemerkung, dass es doch im Sinne jedes Mieters ihrer Pension sei, diese „rein" (S. 31) zu halten. K. reagiert darauf noch gereizter und behauptet, wenn Frau Grubach die Pension rein erhalten wolle, müsse sie zuerst ihm kündigen.

In seinem Zimmer denkt K. einen Augenblick daran, Frau Grubach zu bestrafen, indem er und Fräulein Bürstner gemeinsam kündigen sollten, aber er verwirft diesen Gedanken wieder. Er wartet auf Fräulein Bürstner, obwohl er selbst nicht genau weiß, warum. Innerlich macht er sie sogar unberechtigt dafür verantwortlich, dass sie durch ihr spätes Kommen Unruhe und Unordnung in den Abschluss dieses Tages bringe und K. davon abhalte, seine Geliebte Elsa zu besuchen (vgl. S. 32).

Als Fräulein Bürstner schließlich gegen 23.30 Uhr erscheint, lässt sie sich nach anfänglichem Erstaunen und Zögern auf ein Gespräch mit K. in ihrem Zimmer ein. Trotz ihrer Müdigkeit und der späten Stunde hört sie K.'s Entschuldigung bereitwillig und aufmerksam zu. Sie entdeckt auch, dass die Fotografien etwas durcheinander geraten sind. Da sie sich sehr für Gerichtssachen interessiert und zudem im nächsten Monat eine neue Stellung als Kanzleikraft bei einem Rechtsanwalt antreten wird, hört sie K. interessiert zu. Allerdings ist sie enttäuscht über den „Spaß" (S. 36), als K. zugibt, selbst nicht zu wissen, worum es sich bei seinen morgendlichen Erlebnissen handelt (vgl. S. 36).

K. schildert ihr seine Erlebnisse dann jedoch so lebhaft und geht so in seiner Rolle auf, dass er, als er seine Vorführung vor den Aufseher schildert, seinen Namen so laut schreit, dass er das protestierende Klopfen des Neffen von Frau Grubach, eines Hauptmanns, der im Zimmer nebenan schläft, provoziert. K. erklärt Fräulein Bürstner, die volle Verantwortung gegenüber Frau Grubach übernehmen zu wollen, da Frau Grubach ihn so sehr schätze, dass sie all seine Erklärungen glauben würde. Fräulein Bürstner könne sogar behaupten, K. habe sie überfallen, wenn sie wolle. Fräulein Bürstner ist über diesen Vorschlag fast beleidigt und gibt K. zu verstehen, dass sie für alles, was in ihrem Zimmer geschehe, die volle Verantwortung übernehmen könne.

K. fühlt sich im Laufe des Gesprächs immer mehr durch Fräulein Bürstner sexuell verlockt. Er missversteht ihre Nachsicht und Freundlichkeit. Nachdem er sie zur Beruhigung nach dem Klopfen des Hauptmanns flüchtig auf die Stirn geküsst hat, wird er beim Verabschieden zudringlich und

Fräulein Bürstners Nachsicht und Freundlichkeit

küsst Fräulein Bürstner auf den Mund und dann über das ganze Gesicht und auf den Hals. Erst ein Geräusch aus dem Zimmer des Hauptmanns veranlasst ihn, sich endgültig formal mit einem Handkuss zu verabschieden.

Vor dem Einschlafen denkt K. befriedigt über sein Verhalten nach, macht sich aber wegen des Hauptmanns ernstlich Sorgen um Fräulein Bürstner.

Stichwörter / wichtige Textstellen

„Die Reinheit!" rief K. ... „wenn Sie die Pension rein erhalten wollen, müssen Sie zuerst mir kündigen." (S. 31)

„Ich kann für alles, was in meinem Zimmer geschieht die Verantwortung tragen, und zwar gegenüber jedem." (S. 39)

Erste Untersuchung (S. 41–59)

K. wird telefonisch darüber informiert, dass am nächsten Sonntag „eine kleine Untersuchung in seiner Angelegenheit" (S. 41) stattfinde, zu der er erscheinen müsse. Sonntag sei deshalb gewählt worden, um ihn in seiner beruflichen Arbeit nicht zu stören. Er könne jedoch auch einen anderen Termin bekommen, auch nachts. Die Untersuchung findet in einem Haus in einer entlegenen Vorstadt statt, in der K. noch nie war.

K. ist entschlossen, zu dieser Voruntersuchung zu gehen, um die Sache endgültig zu beenden. Er steht noch am Telefon, als der stellvertretende Direktor ihn anspricht und am Sonntagmorgen zu einem Empfang auf seinem Segelschiff einlädt. K. sieht in der Einladung ein Versöhnungsangebot des stellvertretenden Direktors, mit dem er sich bisher nicht gut vertragen hatte. Aber K. muss ihn demütigen, indem er absagt.

Voruntersuchung

Da K. keine Uhrzeit für die Voruntersuchung genannt wurde, entschließt er sich, um 9 Uhr zu erscheinen, weil das der übliche werktägliche Arbeitsbeginn der Gerichte ist. Als er sich an dem frühen Sonntagmorgen auf den Weg macht, begegnet er zuerst den drei Bankbeamten, die schon bei seiner Verhaftung anwesend waren. Obwohl er spät dran ist, fährt er nicht mit der Straßenbahn, da er keine fremde Hilfe in dieser Angelegenheit haben und die Untersuchungskommission durch Unpünktlichkeit erniedrigen will.

K. hatte geglaubt, das Gerichtsgebäude schon von außen erkennen zu können, aber alle Häuser in der angegebenen Straße sind einförmig, es sind von „armen Leuten bewohnte Miethäuser" (S. 44). Als er das Haus unter der angegebenen Nummer findet, ist es sehr ausgedehnt und hat eine hohe breite Toreinfahrt wie für Lastfuhren. Im Hof wählt K. irgendeine Treppe. Er muss an mehreren spielenden Kindern vorbei. Da K. nicht nach der Untersuchungskommission fragen will, erfindet er einen Tischler Lanz, nach dessen Wohnung er fragt, um dadurch in die Wohnungen blicken zu können und so die Untersuchungskommission zu finden.

Die Wohnungen, an die er klopft, sind alle sehr ärmlich, aber ihre Bewohner sind sehr hilfsbereit. So wird K. durch die Stockwerke des Gebäudes gezogen. Als er schließlich auf der 5. Etage eine junge Frau, die gerade in einem Kübel Kinderwäsche wäscht, nach dem Tischler Lanz fragt, wird er von ihr wie selbstverständlich auf die offene Tür eines Nebenzimmers verwiesen. K. glaubt in eine Versammlung einzutreten. In einem mittelgroßen Zimmer mit zwei Fenstern und Galerie drängen sich die verschiedensten Leute. Auf der Galerie können sie sogar nur gebückt stehen. K. erkundigt sich bei der jungen Frau nochmals nach dem Tischler Lanz und wird von ihr in den Saal geführt. Ein kleiner rotbäckiger Junge bringt K. an das Ende des Saals zu einem Tisch, der auf einem überfüllten Podium steht. Der Junge hat Mühe, sich dem hinter dem Tisch stehenden kleinen dicken Mann (dem Untersuchungs- richter) verständlich zu machen, der sich angeregt mit einem hinter ihm sitzenden Mann unterhält.

Der Untersuchungsrichter hält K. vor, über eine Stunde zu spät gekommen zu sein. K. aber kontert diesen Vorwurf schlagfertig und erhält Applaus von einem Teil der Anwesen- den. K. wird vom Untersuchungsrichter auf das Podest gebe- ten. Als dieser K. für einen Zimmermaler hält, stellt K. den Irrtum richtig und der Untersuchungsrichter wird von den Zuhörern ausgelacht. K. hat den Eindruck, als befänden sich im Saal zwei Parteien. Er ergreift das Wort und prangert das ganze Verfahren an.

Er glaubt dabei die Unterstützung der Menge zu haben und spricht „schärfer als er es beabsichtigt hatte" (S. 51). Der Un- tersuchungsrichter scheint von K.'s Worten getroffen zu sein. K. demütigt ihn weiter, indem er seine Akten, ein zerfledder- tes fleckiges Heftchen, verächtlich mit den Fingerspitzen zur Schau stellt.

Anstatt sich verhören zu lassen, schwingt K. sich zum selbst- ernannten Sprecher für die angeblich vielen auf, die einem solchen Verfah- ren ausgesetzt seien (vgl. S. 52). K. geht es bei seiner Rede um Publikumswirkung, obwohl er das Gegenteil behauptet.

> K. als selbsternannter Sprecher

Er gibt einen von Empörung und Entrüstung gezeichneten Be- richt seiner Verhaftung, in dem er die beiden Wächter und den Aufseher als grobes „demoralisiertes Gesindel" (S. 53) von stumpfsinnigem Hochmut (vgl. S. 54) denunziert. Alles sei eine Art konspirativer Anschlag auf sein Ansehen und seine Stel-

lung in der Bank. Hinter allem aber stehe eine „große Organisation" (S. 56), deren einzige Funktion darin bestehe, unschuldige Personen zu verhaften und gegen sie ein sinnloses und
ergebnisloses Verfahren zu eröffnen.

K. wird in seiner Rede durch das Kreischen eines mit der
Waschfrau, die K. den Weg gewiesen hatte, kopulierenden
Mannes unterbrochen. Als K. die Störung beseitigen will, wird
er von der Menge daran gehindert. Bei genauerem Hinsehen
sieht K. nun, dass alle Anwesenden das gleiche Abzeichen am
Kragen tragen, und erkennt, dass alle Beamte sind und zu der
„korrupten Bande" (S. 58) gehören, die er gerade angegriffen
hatte.

K. fühlt sich bedroht und will schnell den Saal verlassen, aber
vor dem Ausgang trifft er auf den Untersuchungsrichter, der
ihn darauf aufmerksam macht, dass er sich durch sein Verhalten des Vorteils beraubt habe, den ein Verhör für den Verhaf-
teten in jedem Fall bedeute. K. jedoch ignoriert diese Beleh-
rung, beschimpft die Anwesenden und verlässt den Saal.

! Stichwörter / wichtige Textstellen

„Sofort war es still, so sehr beherrschte schon K. die Versammlung." (S. 56)

„... die Galleriebesucher in der Nähe schienen darüber begeis-
tert, dass der Ernst, den K. in die Versammlung eingeführt
hatte, auf diese Weise unterbrochen wurde." (S. 57)

Im leeren Sitzungssaal – Der Student – Die Kanzleien (S. 60–86)

K. wartet die ganze Woche auf eine erneute Vorladung. Als
nichts geschieht, begibt er sich am nächsten Sonntag zur gleichen Zeit wieder in das „Gerichtsgebäude". Er trifft einige

Leute, die ihn wiedererkennen. Von der Waschfrau, die ihm
damals den Weg gewiesen hatte, erfährt er, dass heute keine
Sitzung sei, und tatsächlich ist der Sitzungssaal leer.

Die Waschfrau ist die Frau des Gerichtsdieners. Sie entschuldigt sich für
ihr Verhalten während K.'s Rede damit, dass der Mann ein
Student gewesen sei, der sie begehre und ständig verfolge. Es
gäbe keinen Schutz vor ihm, auch ihr Mann habe sich schon
damit abgefunden, denn wolle er seine Stellung behalten, müsse er es dulden, da der Student voraussichtlich im Gericht zu
hoher Macht kommen werde.

> die Frau des Gerichtsdieners

Mit dem Versprechen, Verbesserungen zu erreichen, zieht K.
die Frau auf seine Seite und veranlasst sie, ihm zu helfen. K.
will die Bücher im Gerichtssaal einsehen, was die Frau ihm
zunächst verweigert hatte. Jetzt erlaubt sie es und K. stellt
fest, dass es sich gar nicht um Gesetzesbücher, sondern um
pornografische Schriften handelt.

Die Frau bietet K. ihre Hilfe an und macht ihm Komplimente,
aber K. hält sie für verdorben und ihre Komplimente für „An-
mache". Er lehnt daher das Hilfsangebot mit der Begründung
ab, die Beziehungen der Frau seien für seine Zwecke nicht
weit reichend genug. Als die Frau ihn bittet zu bleiben, erzählt
K. ihr, dass er nicht an ein Verfahren gegen sich glaube und
dass er auch nicht bereit wäre, die Untersuchungsbeamten zu
bestechen (vgl. S. 64 f.).

Von der Frau erfährt K. auch, dass der Untersuchungsrichter
häufig Berichte schreibe, u. a. auch einen langen Bericht über
K. Sie erzählt K. auch, dass der Untersuchungsrichter um sie
werbe. Als der Student (Bertold) erscheint, entschuldigt sich
die Frau bei K. und bietet sich ihm an, folgt aber dann dem
Studenten. K. muss sich eingestehen, dass er die Frau begehrt

und dass ihre Hilfe wohl doch „nicht wertlos" (S. 67) sein könne. Er erträumt sich als Demütigung des Untersuchungsrichters ein Verhältnis mit der Frau.

K.'s Versuche, den Studenten und die Frau zu trennen, werden vom Studenten ignoriert. Es kommt aber zu gegenseitigen abfälligen Bemerkungen. Als K. die Frau mit Gewalt von dem Studenten zu befreien sucht, lehnt sie das ab. Der Student bringe sie nur auf Befehl des Untersuchungsrichters zu ihm und sie müsse diesen Befehl aus Rücksicht auf die berufliche Existenz ihres Mannes befolgen. Der Student trägt die Frau daraufhin weg. K. empfindet das als „erste zweifellose Niederlage" (S. 70), die er von den Leuten des Gerichts erfahren hat. Um sich zu beruhigen, stellt sich K. vor, wie der Student von Elsa gedemütigt würde.

K. verfolgt den Studenten und die Frau bis zu einer hölzernen Treppe, über die sie verschwinden. Als K. gerade vermutet, die Frau habe ihn belogen, da der Untersuchungsrichter wohl kaum auf der Treppe einer ärmlichen Mietskaserne auf sie warten würde, findet er neben dem Aufgang einen Zettel mit dem Hinweis „Aufgang zu den Gerichtskanzleien" (S. 71).

K. flößt diese Erkenntnis noch weniger Achtung vor dem Gericht ein, als er ohnehin schon hatte. Er vergleicht die erbärmliche Kanzlei des Richters mit seinem repräsentativen Büro in der Bank, als der Gerichtsdiener erscheint. Als K. ihm auf seine Nachfrage sagt, dass der Student seine Frau zum Untersuchungsrichter gebracht habe, lässt der Gerichtsdiener seiner Wut freien Lauf und entschuldigt sich für seine Untätigkeit mit seiner Abhängigkeit vom Gericht. Aber K. könne ihm helfen. Obwohl auch K. Eifersucht auf den Studenten verspürt, macht er dem Gerichtsdiener klar, dass gerade er als Angeklagter erst recht den Studenten nicht verprügeln dürfe.

Der Gerichtsdiener bietet K. daraufhin an, ihm die Kanzleien zu zeigen.

Nachdem sie die Treppe hinaufgestiegen sind, kommen sie in einen langen Gang, der vom Gerichtsdiener als „Wartezimmer" (S. 74) bezeichnet wird. Von diesem Gang führen „roh gezimmerte Türen" (S. 74) zu den einzelnen Abteilungen des Dachbodens. Manche Abteilungen haben statt der Bretterwand bis zur Decke reichende Holzgitter, durch die man die einzelnen Beamten bei ihrer Tätigkeit sehen kann und durch die der Gang ein mattes Licht erhält.

Auf zwei Bankreihen zu beiden Seiten des Ganges sitzt nebeneinander eine Reihe von Personen. Obwohl vernachlässigt angezogen, scheinen sie „den höheren Klassen" (S. 75) anzugehören. Als K. und der Gerichtsdiener an ihnen vorbeigehen, erheben sich alle, um die beiden zu grüßen. Auf K.'s Bemerkung, wie gedemütigt diese Leute wohl schon sein müssten, erklärt ihm der Gerichtsdiener, dass all diese Leute Angeklagte seien. Als K. daraufhin einen älteren Mann fragt, warum er hier sei, ist der, obwohl er ein welterfahrener Mann zu sein scheint, so überrascht und verlegen, dass er die Frage nicht beantworten kann. Nachdem K. und der Gerichtsdiener ihn beruhigt haben, erklärt er, dass er vor einem Monat einige Beweisanträge in seiner Sache gemacht habe und auf deren Erledigung warte. K. sagt erstaunt, dass er, obwohl auch angeklagt, so etwas noch nicht gemacht habe. Es gelingt ihm aber nicht, den Mann in ein Gespräch zu verwickeln, da K. glaubt, dieser halte ihn wohl für einen Gerichtsbeamten und habe Angst vor ihm. Als K. ihm am Arm anfasst, muss er entsetzt feststellen, wie schmerzempfindlich der Angeklagte geworden ist.

K. und der Gerichtsdiener

K. hat den Eindruck, dass er neben dem Gerichtsdiener ausse-
he wie ein vorzuführender Gefangener, und möchte die Kanzlei verlassen. Aber er weiß nicht mehr, wo der Ausgang ist.
Der Gerichtsdiener muss erst seinen Auftrag erledigen und
kann ihn nicht zum Ausgang führen. K. merkt, dass ihm in der
merkwürdigen Luft in dieser Kanzlei
unwohl wird. Ein Mädchen und ein
Mann aus den Büros kümmern sich um ihn. Das Mädchen
erklärt ihm, dass es fast jedem, der erstmals in dieser Kanzlei
sei, unwohl würde. Daran sei die Sonne, die auf das Dach
scheine, schuld. K. versucht, das Mädchen und den Mann
dazu zu bewegen, ihn aus der Kanzlei zu führen. Der Mann
weigert sich jedoch zunächst. Das Mädchen erklärt K., dass
der Mann der Auskunftgeber sei, der in dieser Funktion auch
die eleganteste Kleidung tragen dürfe.

Schließlich erklärt der Auskunftgeber sich bereit, dem Mädchen zu helfen, K. hinauszuführen. Als sie an den Angeklagten vorbeikommen, erlebt K., wie bestimmt der Auskunftgeber mit nichtssagenden Worten die Angeklagten behandelt.
Da K. vor Übelkeit kaum noch alleine gehen kann, fühlt er
sich seinen beiden Helfern ausgeliefert. Schließlich erreichen
sie die Treppe. Die relativ frische Luft, die von unten kommt,
erweckt K.'s Lebensgeister wieder. Seine beiden Helfer aber,
die die Luft der Kanzlei gewohnt sind, verlieren durch die
frischere Luft fast das Bewusstsein, sodass K. die Ausgangstür
schnell schließen muss. K. verlässt eilig das Gebäude mit dem
festen Vorsatz, alle zukünftigen Sonntagvormittage besser als
diesen verbringen zu wollen.

merkwürdige Luft in der Kanzlei

Stichwörter / wichtige Textstellen

„Ach so", sagte K. und nickte, „die Bücher sind wohl Gesetz-
bücher und es gehört zu der Art dieses Gerichtswesens, dass
man nicht nur unschuldig, sondern auch unwissend verurteilt
wird." (S. 60)

„Die Frau verlockte ihn wirklich, er fand trotz alles Nachdenkens
keinen haltbaren Grund dafür, warum er der Verlockung
nicht nachgeben sollte." (S. 67)

Der Prügler (S. 87–94)

Als K. am nächsten Abend den Korridor vor seinem Büro
entlanggeht, glaubt er aus einem Raum, den er für eine Rumpelkammer hält, Seufzer zu hören. Neugierig sieht er nach
und entdeckt in der Rumpelkammer drei Männer. Er erkennt
die beiden Wächter Franz und Willem, | der Prügler schlägt die beiden
die von einem vitalen, mit einer Art | Wächter Franz und Willem
ledernen Dominadress bekleideten
Mann mit einer Rute geprügelt werden sollen. Die Wächter
flehen K. an, ihnen zu helfen, da sie nur geschlagen würden,
weil er sie beim Untersuchungsrichter angezeigt habe.
Ihre Laufbahn sei dadurch jetzt beendet. K. versucht sich zu
rechtfertigen. Er habe nicht geahnt, dass die Wächter bestraft
würden, und versucht den Prügler zunächst verbal, dann
durch Bestechung von der Bestrafung abzubringen. Denn K.
hält nicht die Wächter, sondern die Organisation, die hohen
Beamten, für schuldig. Es gelingt K. jedoch nicht, vielmehr
zwingt der Prügler Franz und Willem sich auszuziehen und
beginnt mit der Prügelei. In seiner Angst versucht Franz sogar,
sich auf Kosten von Willem zu retten. Als der Prügler zu schla-
gen beginnt, schreit Franz so laut, dass man es durch den
ganzen Korridor hört.

Vor den beiden durch das Geräusch herbeigerufenen Dienern
der Bank behauptet K., ein Hund im Hof habe so geschrien.
Als K. neugierig am nächsten Abend die Rumpelkammer
wieder öffnet, findet er zu seinem Entsetzen die gleiche Szene
wie am Vorabend vor. In Panik läuft er zu den Dienern und
befiehlt ihnen, die Rumpelkammer aufzuräumen.

Stichwörter / wichtige Textstellen
„Die Strafe ist ebenso gerecht als unvermeidlich." (S. 88)
„Ich bin zum Prügeln angestellt, also prügle ich." (S. 90)

Der Onkel – Leni (S. 95–117)

Eines Nachmittags erscheint K.'s Onkel in der Bank. Von seiner Tochter habe er erfahren, dass gegen K. ein Prozess laufe.
Der Onkel bittet K. nun um nähere Informationen, damit er
ihm helfen könne. K. will vorsichtshalber in der Bank nichts
erzählen und bittet seinen Onkel, mit ihm das Bankgebäude
zu verlassen. Der Onkel ist in seiner Aufregung sehr laut und
fragt unvorsichtigerweise beim Verlassen der Bank vor den Mit-
arbeitern und dem Direktor-Stellvertreter nach K.'s Prozess.
Auf der Straße schlägt der Onkel K. vor, zu ihm aufs Land zu
kommen, um sich zunächst dem direkten Zugriff des Gerichts
zu entziehen. K. ist erstaunt, dass der Onkel den Prozess so
ernst nimmt. Der Onkel wiederum wundert sich über K.'s
„Gleichgültigkeit" (S. 101) und fürchtet, K. könne so den Prozess nur verlieren und damit auch seine Verwandten mitrei-
ßen, zumindest aber demütigen.
K. beruhigt den Onkel, er kümmere sich schon um den Pro-

der Onkel fährt zu dem
Advokaten Huld

zess, und fragt ihn nach seinem Rat.
Der Onkel fährt daraufhin zu seinem
Schulfreund, dem Advokaten Huld. K.

hält das Hinzuziehen eines Advokaten für übertrieben, erzählt aber seinem Onkel den bisherigen „Prozessverlauf". Dabei bemerkt er, dass der Advokat in derselben Gegend der Vorstadt wohnt, in dem auch die Gerichtskanzlei ist.

Erst als der Onkel energisch gegen die Tür klopft, wird ihm von einem Hausmädchen geöffnet, das behauptet, der Advokat sei krank. Tatsächlich empfängt sie der Advokat geschwächt im Bett liegend. K. ist die Krankheit des Advokaten nicht unwillkommen, da er sich dem Eifer des Onkels nicht entgegenstellen konnte und dieser jetzt eine Ablenkung erfährt.

Der Onkel versucht vergeblich, die Pflegerin Leni aus dem Zimmer zu vertreiben, erst als er betont, dass es um eine juristische Angelegenheit für seinen Neffen gehe, schickt der Anwalt Leni hinaus. Die Aussicht auf Arbeit kräftigt den kranken Advokaten zusehends. Er will gerne die Angelegenheit K.'s übernehmen, fürchtet aber, gesundheitlich nicht ganz durchhalten zu können, und empfiehlt, evtl. einen weiteren Anwalt hinzuzuziehen. K. ist erstaunt, dass der Anwalt bereits über seinen Prozess Bescheid weiß. Der klärt ihn aber darüber auf, dass in den Gerichtskreisen, in denen er ja als Anwalt logischerweise verkehre, auch über laufende Prozesse gesprochen würde.

K. registriert erstaunt, dass der Anwalt nicht nur beim Gericht im Justizpalast, sondern wohl auch beim Gericht auf dem Dachboden arbeitet, wagt aber nicht danach zu fragen.

Der Advokat erzählt weiter, dass er auch jetzt an seinem Krankenlager durch seine Freunde über die Vorgänge bei Gericht informiert würde. Er stellt K. und seinem Onkel nun den Kanzleidirektor vor, der bisher unbemerkt und unauffällig in einer dunklen Ecke des Zimmers verborgen gesessen hatte, und bittet ihn, sich auch mit K.'s Angelegenheit zu beschäfti-

gen. Die alten Herren besprechen nun unter Vorsitz des Kanzlei-
direktors die Sache, K.'s Anwesenheit dabei ganz vergessend.

Während K. überlegt, ob er den Kanzleidirektor nicht unter
den Männern bei der Voruntersuchung gesehen habe, und dabei
seine Gedanken auch zu Leni abschweifen lässt, ertönt aus
dem Vorzimmer Lärm wie zerbrechendes Porzellan. Als K.
nachsieht, hat Leni hier schon auf ihn gewartet und behauptet, einen Teller gegen die Wand geworfen zu haben, um ihn
herauszulocken. Leni führt K. in das Arbeitszimmer des Advokaten. Sie wundert sich, dass sie K. erst aus dem Schlafzim-
mer des Advokaten herauslocken musste, obwohl er sie von
Anfang an begehrend beobachtet habe. K. entschuldigt sich
mit seiner Schüchternheit und dass er nicht geglaubt habe, sie
schnell gewinnen zu können.

Als K. sich im Zimmer umsieht, bemerkt er das Bild eines
Richters auf einem „hohen Tronsessel" (S. 112). Während K.
überlegt, dass dieser Mann auch sein Richter sein könne, klärt
Leni ihn darüber auf, dass der vorgebliche Thron nur ein mit
einer Pferdedecke bedeckter Küchenstuhl und dass der impo-
sant dargestellte Richter nur ein klein gewachsener Untersuchungsrichter sei, der sich aus Eitelkeit so habe malen lassen.
Leni erzählt K., während sie sich ihm immer weiter nähert,
dass er vor Gericht nicht weiterhin so „unnachgiebig" (S. 113)
sein dürfe und ein Geständnis ablegen müsse. Nur so könne
er dem Gericht „entschlüpfen" (S. 114). Sie wolle ihm dabei
gerne helfen. Erstaunt wird sich K. klar, dass er ständig Helfe-
rinnen anwirbt.

Leni auf K.'s Schoß

Nachdem sich Leni auf K.'s Schoß ge-
setzt hat, fragt sie, ob er eine Geliebte
habe. Als K. das bejaht und ihr ein Bild von Elsa zeigt, analy-
siert Leni das Bild und Elsa ganz genau. K. muss dabei zuge-

ben, dass Elsa nichts von seinem Prozess weiß und dass sie sich nicht für ihn opfern würde.

Leni hofft, dass K. sie evtl. gegen Elsa eintauschen würde, und lässt sich das auch durch K. bestätigen. Nachdem Leni K. nach Elsas „körperlichen Fehlern" (S. 115) gefragt hat, zeigt sie ihm, dass sie zwischen dem Mittelfinger und dem Ringfinger ihrer rechten Hand ein Verbindungshäutchen hat, dass „fast bis zum obersten Gelenk der kurzen Finger" (S. 115) reicht. K. ist von dieser „Kralle" (S. 115) fasziniert. Als K. schließlich Leni küsst, erwidert sie den Kuss wild und beißt K. in Hals und Haare. Sie erklärt ihn schließlich als ihren Besitz, gibt ihm den Hausschlüssel und bietet ihm an, kommen zu können, wann er wolle.

Nachdem K. das Haus verlassen hat, wird er draußen von seinem Onkel erwartet, der ihm schwere Vorwürfe macht. Statt bei ihm zu bleiben und seinen Fall mit ihm, dem Anwalt und dem Kanzleidirektor zu besprechen, sei er, ohne es zu verbergen, zu Leni gegangen, um sich mit ihr zu vergnügen. Er habe dadurch die einflussreichen Herren, besonders den Kanzleidirektor, brüskiert. Auch den Anwalt, auf dessen Hilfe er ebenfalls angewiesen sei, habe er durch sein Verhalten einem Zusammenbruch mit evtl. Todesfolge nahe gebracht, von ihm, seinem Onkel, den er draußen stundenlang im Regen habe warten lassen, ganz zu schweigen.

Stichwörter / wichtige Textstellen

„‚Sie arbeiten doch bei dem Gericht im Justizpalast, und nicht bei dem auf dem Dachboden', hatte er sagen wollen, konnte sich aber nicht überwinden, es wirklich zu sagen." (S. 108)

„... stellen Sie aber Ihren Fehler ab, seien Sie nicht mehr so unnachgiebig, gegen dieses Gericht kann man sich ja nicht wehren, man muss das Geständnis machen." (S. 113 f.)

Advokat – Fabrikant – Maler (S. 118–174)

An einem Wintervormittag in der Bank muss K. ständig an den Prozess denken. Er überlegt, ob er eine Verteidigungsschrift bei Gericht einreichen soll, weil er mit seinem Rechtsanwalt Huld nicht zufrieden ist. K. hat das Gefühl, dass der Advokat ihn nur demütige und dann wieder aufmuntere. So erzähle er K. u. a., dass das Gericht nicht öffentlich sei, daher auch die Verteidigung sehr schwierig, ja nach dem Gesetz nicht einmal gestattet, nur geduldet sei (vgl. S. 120). Auch die Advokaten seien eigentlich gar nicht vor Gericht anerkannt und nur „Winkeladvokaten" (S. 120).

Wie gering das Gericht die Advokaten schätze, könne man in der Kanzlei sehen, auch sein eigenes Advokatenzimmer beschreibt der Anwalt als „schändlich" (S. 121).

Das alles sei aber beabsichtigt, führt er weiter aus, weil man die Verteidigung möglichst ausschalten und alles auf den Angeklagten selbst beziehen wolle. Trotzdem sei der Advokat wichtig, da er durch seine Beziehung zu den höheren Beamten den Prozess günstig beeinflussen könne. Er, der Anwalt Huld, habe, wie K. ja gesehen habe, Beziehungen zu höheren Gerichtsbeamten, die sogar zu ihm nach Hause kämen. Aber nicht nur die Advokaten profitierten von diesen Beziehungen, sondern auch die Beamten. Sie hätten aufgrund der Gerichtsordnung und ihres ständigen Aktenstudiums nicht den richtigen Sinn für menschliche Beziehungen und brauchten so den guten Rat des Advokaten. Der Advokat erwähnt aber auch die Gereiztheit und die Macht der Beamten und belehrt K., dass die Advokaten eingesehen hätten, bei Gericht keine Verbesserungsvorschläge zu machen, im Gegensatz zu den Angeklagten. K.'s Verhalten gegenüber dem Kanzleidirektor habe diesen für K.'s Prozessverlauf fast unbrauchbar gemacht.

Trotzdem laufe der Prozess erfreulich und K. könne getrost abwarten.

Mit solchen und ähnlichen Reden ermüdet der Anwalt K. bei seinen Besuchen. Das einzig Erfreuliche bei diesen Besuchen ist die jeweilige Begegnung mit Leni. K. zweifelt immer mehr an der Nützlichkeit seines Advokaten. Er beschließt selbst einzugreifen. K. muss erkennen, dass er den Prozess

> Zweifel an der Nützlichkeit
> seines Advokaten

annehmen muss und ihn nicht wie früher verachten kann, viel zu viel, seine Familie, seine Stellung etc., ist bereits davon betroffen.

K. weist jegliche Schuld von sich und redet sich ein, der Prozess sei ein „großes Geschäft" (S. 132), das mit der von ihm in Bankgeschäften erlangten Geschicklichkeit zu gewinnen sei. Dazu brauche er den Advokaten nicht. Er müsse vielmehr ständig Eingaben ans Gericht machen und die Beamten veranlassen, seine Eingaben auch zu lesen. K. erkennt, dass das Verfassen einer solchen Eingabe sehr schwierig und langwierig ist, u. a. weil sie „von allen Seiten überprüft" (S. 134) werden müsse. Außerdem raube ihm die Arbeit an einer solchen Eingabe die Energie und die Zeit, die er eigentlich für seinen beruflichen Aufstieg brauche, und beherrsche seine Freizeitaktivitäten.

Auf sein Klingeln führt ein Bankdiener einen wichtigen Kunden, einen Fabrikanten, der bereits länger auf K. gewartet hat, in sein Büro. Der Fabrikant will mit K. ein Bankgeschäft besprechen, aber K. ist nicht bei der Sache, sodass der Fabrikant sich an den zufällig vorbeikommenden Direktorstellvertreter hält. Dieser bittet ihn schließlich sogar in sein Büro, um die wichtige Angelegenheit zu regeln. Als beide sein Büro verlassen haben, setzt sich K. ans Fenster und denkt über seine

Verteidigung nach. Ihm wird bewusst, dass, wenn er seine Verteidigung selbst übernehmen will, er seine ganze Kraft darauf konzentrieren muss, ein schweres Hindernis für seine Karriere in der Bank. K. ist nicht in der Lage, jetzt für die Bank zu arbeiten, und befürchtet, dass der Direktorstellvertreter das für seine Karriere ausnutzen könnte.

Nach der Besprechung mit dem Direktorstellvertreter kommt der Fabrikant nochmals in K.'s Büro. Er sagt ihm, dass er von seinem Prozess wisse, und empfiehlt ihm, den Maler Titorelli aufzusuchen, weil der Maler als Porträtmaler Verbindungen zum Gericht habe. Der Fabrikant gibt K. sogar ein Empfehlungsschreiben an Titorelli mit. K. verabschiedet den Fabrikanten und erkennt, dass er vorsichtiger sein muss.

Als K. das Büro verlassen will, um zu dem Maler zu gehen, versuchen ihn drei Geschäftsmänner zu sprechen. K. vertröstet sie auf später, als der Direktorstellvertreter erscheint.

Er bittet die Herren in sein Büro, um die geschäftliche Angelegenheit selbst zu regeln. K. muss erkennen, dass der Direktorstellvertreter versucht, ihn in der Bank auszustechen. Entsetzt muss K. sogar sehen, dass der Direktorstellvertreter aus seinem Büro Akten holt, um sie selbst zu bearbeiten. K. erkennt, dass er dem Direktorstellvertreter zurzeit nicht gewachsen ist. Er beruhigt sich aber damit, dass, wenn er seine Schwierigkeiten beseitigt hat, der Direktorstellvertreter das als Erster zu spüren bekomme.

K. fährt sofort zu dem Maler, der in einer ärmlichen Gegend der Vorstadt wohnt. Auf der Treppe zu Titorellis Dachkammerwohnung trifft K. auf eine Gruppe junger Mädchen, deren Gesichter aber schon Anzeichen von Verdorbenheit haben. K. behauptet, sich malen lassen zu wollen, und fragt sie nach dem Weg zu Titorellis Wohnung. Der Maler öffnet K. nur mit Nachthemd und Hose bekleidet, verwehrt aber den Mädchen den Eintritt. Titorelli erzählt K., dass die Mädchen, seit er eines von ihnen gemalt habe, ihn ständig verfolgten, ja sich sogar den Schlüssel zu seinem Atelier nachmachen lassen hätten. Trotz des Empfehlungsschreibens fragt Titorelli K., ob er sich malen lassen wolle, und zeigt ihm das Bild, an dem er gerade arbeitet. Erfreut erkennt K. das Bild eines Richters und hofft, über dieses Bild

der Gerichtsmaler Titorelli

Titorelli auf das Gespräch zu seinem Prozess zu bringen. Hinter dem Richter hat der Maler auf dessen Wunsch eine Darstellung der Gerechtigkeits- und der Siegesgöttin gemalt, die aber auf K. eher wie die Göttin der Jagd wirkt. Titorelli durchschaut K.'s Absicht. Er behauptet, ein „Vertrauensmann des Gerichts" (S. 155) zu sein, und nötigt K. zu bleiben.

Titorelli fragt K., ob er unschuldig sei. K. bejaht das, glaubt allerdings, dass das Gericht nur ermittele, wenn es von der Schuld des Angeklagten überzeugt sei. Der Maler macht K. klar, dass das Gericht niemals von seiner Meinung abzubringen sei und dass alles (auch die Mädchen) zum Gericht gehöre. Titorelli erzählt, dass man die Richter außerhalb des Gerichts durch persönliche Beziehungen durchaus zugunsten eines Angeklagten beeinflussen könne. K. will sich der Hilfe des Malers versichern und versucht, sein Vertrauen zu gewinnen. Titorelli behauptet, dass bereits sein Vater Gerichtsmaler gewesen sei und dass dieses Amt immer nur innerhalb einer Familie vererbt werden dürfe.

Der Maler klärt K. darüber auf, dass es drei „Arten der Befreiung" gebe: den „wirklichen Freispruch", den „scheinbaren Freispruch" und „die Verschleppung" (S. 160) und fragt ihn,

drei „Arten der Befreiung": der „wirkliche Freispruch", der „scheinbare Freispruch" und „die Verschleppung"

welche Art er wolle. K. versucht, dem Maler Widersprüche in seiner Darstellung des Gerichts nachzuweisen, erfährt aber von Titorelli, dass dieser selbst nur wenige Freisprüche, aber viele Richterbeeinflussungen erlebt habe. Obwohl im Gesetz etwas anderes stehe, würde nur in den alten Legenden von wirklichen Freisprüchen berichtet.

In der stickigen Luft des Ateliers hat K. das Gefühl, dass ihm schwindelig wird. Der Maler erklärt ihm, dass er das Fenster zwar nicht öffnen könne, aber bei Bedarf durch das Öffnen beider Türen lüften könne. Dabei bemerkt K., dass eine Tür sich direkt hinter dem Bett des Malers befindet. Titorelli erzählt, dass er dem Richter, den er gerade male, einen Schlüssel zu dieser Tür seines Ateliers gegeben habe und dass dieser ihn morgens immer wecke, wenn er, um eintreten zu können, über sein Bett steige.

Auf seine Bitte hin erklärt Titorelli K. die Bedeutung von „scheinbarem Freispruch" und „Verschleppung". Bei der scheinbaren Freisprechung würde sich Titorelli für die Unschuld K.'s verbürgen und bei den verschiedenen ihm bekannten Richtern für K.'s Unschuld Bestätigungsunterschriften sammeln. Diese Unterschriftensammlung würde er dann bei dem Richter, der K.'s Prozess führt, abgeben und der werde ihn daraufhin dann freisprechen.

K. wäre dann aber nur scheinbar frei oder zeitweilig frei, weil die niederen Richter, die Titorelli kennt, nicht das Recht hätten, endgültig freizusprechen. Das habe nur das oberste, für alle unerreichbare Gericht. Der Freispruch sei daher nicht absolut, sondern die Akten blieben mit dem Vermerk des scheinbaren Freispruchs versehen im Gerichtslaufwerk und könnten u. U. irgendwann wieder hervorgebracht werden und zur erneuten Verhaftung führen. Der Prozess beginne dann von neuem mit allen bisherigen Möglichkeiten.

Als der Maler bemerkt, dass K. von dieser Möglichkeit enttäuscht ist, erklärt er ihm das Wesen der Verschleppung. „Die
Verschleppung besteht darin, dass der Proceß dauernd im
niedrigsten Proceßstadium erhalten wird" (S. 168). Um das zu
erreichen, müsse der Angeklagte bzw. sein Helfer in ständi-
gem Kontakt mit dem Richter bleiben bzw. wenn man ihn
nicht persönlich kennt, ihn durch andere bekannte Richter
beeinflussen lassen. So könne der Prozess immer in der
Schwebe gehalten werden. Der Angeklagte sei genauso sicher
wie bei dem scheinbaren Freispruch, ja sogar noch besser
dran, da er nicht plötzlich und unter ungünstigen Umständen
verhaftet werden könne.
Andererseits müsse der Prozess ständig im Fluss gehalten werden, was zu gewissen Unannehmlichkeiten für den Angeklagten, wie Verhöre, Untersuchungen etc. führen würde.
K. erkennt, dass die beiden von Titorelli vorgestellten Metho-
den zwar die Verurteilung des Angeklagten verhindern, aber
auch seinen wirklichen Freispruch. Während des ganzen Gesprächs werden K. und Titorelli von den Mädchen durch die
Türspalte beobachtet. Titorelli versteht zwar K.'s Zögern, auf
seine Vorschläge einzugehen, rät ihm aber, sich schnell zu
entscheiden.
Dann empfiehlt er K., nicht durch die Haustür zu gehen, weil
er sonst von den davor wartenden Mädchen wieder belästigt
würde. K. solle lieber über sein Bett steigen und das Atelier
durch die andere Tür verlassen.
Der Maler holt nun noch einige seiner Bilder unter dem Bett
hervor und fragt K., ob er ihm nicht etwas abkaufen wolle.
Obwohl K. sich danach sehnt, das Atelier verlassen zu können, glaubt er aus Dankbarkeit verpflichtet zu sein, sich die
Bilder zumindest anzusehen. Der Maler zeigt K. drei Bilder

mit Heidelandschaften, die aber alle gleich aussehen. K. kauft alle drei Bilder und behauptet, sie in seinem Büro aufhängen zu wollen.

Als K. über das Bett durch die Tür das Atelier verlassen will, stellt er mit Erstaunen fest, dass die Tür sich zu einer Gerichtskanzlei öffnet. Titorelli klärt K. darüber auf, dass doch auf allen Dachböden Gerichtskanzleien seien und dass selbst sein Atelier ihm vom Gericht zur Verfügung gestellt worden sei. K. muss sich mit Erschrecken eingestehen, dass er immer wieder gegen die Grundregeln eines Angeklagten verstößt, sich niemals ahnungslos überraschen zu lassen, sondern immer gut vorbereitet zu sein.

Als K. begleitet von Titorelli die Kanzlei verlassen will, kommen die Mädchen angestürmt. Titorelli kümmert sich um sie und K. fährt zur Bank, wo er die Bilder in seinem Schreibtisch versteckt.

Stichwörter / wichtige Textstellen:
„Der Gedanke an den Proceß verließ ihn nicht mehr." (S. 118)
„Die Verachtung die er früher für den Proceß gehabt hatte galt nicht mehr." (S. 131)
„Was für ein Hindernis war plötzlich in K.'s Laufbahn geworfen worden!" (S. 139)

Kaufmann Block – Kündigung des Advokaten (S. 175–208)

K. hat sich endlich durchgerungen, dem Advokaten Huld seine Vertretung zu entziehen. Nach einem langen Arbeitstag entschließt er sich gegen 10 Uhr abends, das dem Advokaten mitzuteilen. K. hat sich entschlossen, die Kündigung nicht schriftlich oder telefonisch zu machen, weil er sehen will, wie der Advokat reagiert und welche Folgen das für ihn hat, um evtl. die Kündigung zurücknehmen zu können.

Nach längerem Warten öffnet ihm ein fremder kleiner Mann, der zuvor Leni warnend etwas zugerufen hatte, die daraufhin nur mit einem Hemd bekleidet in ein anderes Zimmer flieht. K. fühlt sich dem fremden kleinen Mann überlegen und sagt ihm auf den Kopf zu, dass er der Geliebte Lenis sei. K. spielt seine (scheinbare) Überlegenheit gegenüber dem Fremden, der sich als Kaufmann Block vorstellt, aus und lässt sich von ihm in die Küche zu Leni führen. Hier fragt er Leni (leicht eifersüchtig) nach dem Mann und ihrem Verhältnis zueinander. Leni versucht K. zu beruhigen.

K. hatte zunächst vor, mit Leni die Kündigung zu besprechen und zu beraten, bevor er zum Advokaten gehen wollte. Aber jetzt verwirft er diese Vorstellung, schickt Leni mit der Abendsuppe zu Huld und versucht, den Kaufmann Block auszufragen. So erfährt K., dass der Advokat den Kaufmann schon seit 20 Jahren vertritt und in seinem Prozess schon seit über 5 Jahren. Block gesteht K., dass er unerlaubterweise außer dem Advokaten Huld heimlich noch fünf Winkeladvokaten habe und mit einem weiteren verhandele. Auf K.'s erstauntes Nachfragen erzählt ihm der Kaufmann, dass er alles, was er besaß, auf den Prozess verwendet habe, sein Vermögen und seine Arbeitskraft (vgl. S. 182). Der Kaufmann berichtet K., dass er ihn damals in der Kanzlei gesehen habe, weil er jeden Tag dort warte.

Er raubt K. aber auch die Illusion, dass die Höflichkeit der Angeklagten damals K. gegenüber auf dem Glauben, er sei auch ein Richter, beruht habe. Sie hätten nur den Gerichtsdiener, der neben K. ging, höflich gegrüßt und durchaus gewusst, dass K. auch ein Angeklagter sei.

K. erkennt, dass er wohl auch öfter in die Kanzleien gehen müsse. Während des Gesprächs verliert Block für K. seine anfängliche Lächerlichkeit. Der Kaufmann erzählt, dass unter den Angeklagten die Meinung bestehe, man könne aus dem Gesicht, besonders den Lippen, erkennen, wie seine gerichtliche Angelegenheit stehe. Aus K.'s Lippen hätten sie damals geschlossen, dass er gewiss bald verurteilt werde. Der Angeklagte, mit dem K. damals gesprochen habe, hätte später erzählt, er sei so verwirrt gewesen, weil er K.'s Verurteilung, aber auch seine eigene, auf K.'s Lippen gelesen habe.

Block erklärt auf K.'s Nachfrage weiter, dass unter den Angeklagten keine Gemeinsamkeit bestehe, da man vor Gericht bestenfalls alleine, zumeist im Geheimen, etwas erreichen könne. Der Kaufmann schildert den bisherigen Verlauf seines Prozesses. Auch bei ihm nehme der Prozess immer mehr Einfluss auf sein Leben. Auch er könne keine Fortschritte im Verlauf seines Prozesses feststellen. Allerdings hat Block erfahren müssen, dass der Advokat Huld, obwohl er sich als großen Anwalt bezeichne, für das Gericht nur ein kleiner Anwalt sei. An die großen Advokaten aber käme kein Angeklagter heran. Sie verteidigten nur, wenn sie wollten. Als Leni wieder erscheint, kommt das Gespräch ins Stocken.

der Prozess nimmt immer mehr Einfluss auf sein Leben

Leni behauptet, K. befände sich unter Freunden und nur deshalb könne er zu jeder Stunde den kranken Advokaten sprechen. Block hingegen werde vom Advokaten nur empfangen, wenn dieser Lust dazu hätte. Deshalb habe Leni Block erlaubt, im Haus des Advokaten zu schlafen, damit er, falls der Advokat es wünsche, jederzeit zur Stelle sei.

Als K. sagt, dass er den Advokaten entlassen wolle, sind Leni und Block entsetzt und Leni versucht, K. aufzuhalten. Aber er gelangt trotzdem in das Zimmer des Advokaten und schließt hinter sich ab. Als der Advokat das bemerkt, fragt er, ob Leni zudringlich geworden sei. Er erklärt K., dass Leni alle Angeklagten schön finde und sie liebe, aber auch von ihnen wiedergeliebt würde (vgl. S. 194). Der Advokat erklärt K., dass wohl das gegen sie erhobene Verfahren die Angeklagten schön mache.

Als K. dem Anwalt mitteilt, dass er ihm sein Vertrauen entziehe, versucht dieser ihn durch Anspielung auf ihre Freundschaft und die Freundschaft zu K.'s Onkel zu beeinflussen. Er zwingt K. dadurch zu einer ausführlicheren Erklärung, was dieser lieber vermieden hätte. K. bemerkt erstaunt und mit Unverständnis, dass der Advokat sich vor ihm demütigt. Als K. sich nicht umstimmen lässt, behauptet der Advokat, man habe K., obwohl er angeklagt sei, bisher zu gut bzw. nachlässig behandelt und lässt den Kaufmann Block rufen.

Nun führt der Advokat an Block vor, wie man einen Angeklagten demütigt. Leni hat sich währenddessen hinter dem Stuhl K.'s versteckt und muss von K. von Zärtlichkeiten abgehalten werden. In fast blasphemischer Weise, das erste der zehn Gebote auf sich anwendend, stellt sich der Advokat „gottgleich" über den Kaufmann (vgl. S. 202). K. kann das Verhalten Blocks nicht verstehen, der ihn sogar beschimpft, als K. ihn vor seiner Unterwerfung abhalten will. Schließlich wirft sich Block vor dem Anwalt auf die Knie und küsst ihm auf den Rat Lenis hin sogar die Hände.

Blocks Unterwerfung

K. fühlt sich durch diese Szene, die ihm vorkommt wie bereits mehrmals aufgeführt, angewidert und selbst als Zuschauer fast schon entwürdigt. Er kann nicht verstehen, wie der Anwalt glauben konnte, ihn so wieder für sich zu gewinnen. Schließlich fragt der Anwalt Leni nach dem Wohlverhalten Blocks aus. Auf K. wirkt die ganze Szene wie das Fragen eines Herrchens nach dem guten Verhalten seines Hundes (vgl. S. 105 f.).

Stichwörter / wichtige Textstellen

„Wenn man für seinen Proceß etwas tun will, kann man sich mit anderem nur wenig befassen." (S. 182 f.)

„... dass das Endurteil in manchen Fällen unversehens komme aus beliebigem Munde zu beliebiger Zeit." (S. 207)

Im Dom (S. 209–235)

K. hat den Eindruck, in der Bank immer mehr von dem Direktorstellvertreter ausgespielt zu werden, und ist auch geneigt, die Dienstreisen, die er in letzter Zeit häufig machen musste, so zu interpretieren, dass man ihn nur mit unbedeutenden Arbeiten eindecke, um ihn aus der Bank wegzuhaben.

K. erhält, weil er kunsthistorische und italienische Kenntnisse besitzt, den Auftrag, einem italienischen Geschäftsfreund die Sehenswürdigkeiten der Stadt zu zeigen. Bei einem ersten Treffen in der Bank muss K. jedoch mit Entsetzen feststellen, dass er das stark dialekt-gefärbte Italienisch des Geschäftsmannes, im Gegensatz zu seinem Direktor, kaum versteht. Der Direktor beruhigt ihn aber und man verabredet sich um 10 Uhr zur Dombesichtigung. Während sich K. auf die Domführung vorbereitet und seine Italienischkenntnisse sehr unwillig zu verbessern versucht, wird er mehrfach vom Direktorstellvertreter gestört. Als Leni anruft, erkennt sie, dass K. vom Gericht „gehetzt" (S. 215) wird.

Als K. am Dom eintrifft, ist der Italiener noch nicht da. K. wartet im dunklen Dom auf ihn und betrachtet ein Bild der

Grablegung Christi. Um sich die Zeit zu vertreiben, geht K. durch den Dom und sieht sich u. a. die große geschmückte Kanzel an. Als ein Kirchendiener ihm scheinbar ein Zeichen macht, folgt er ihm und kommt so zu einer kleineren Kanzel. Mit Erstaunen bemerkt K., dass ein Geistlicher die Kanzel besteigt, um zu predigen. Aber allein K. bildet die Gemeinde (vgl. S. 220). K. will den Dom verlassen, aber als er schon fast am Ausgang ist, ruft ihn der Geistliche. Er stellt sich K. als „Gefängniskaplan" (S. 222) vor und eröffnet ihm, dass sein Prozess schlecht stehe. Dann wirft er K. vor, dass die-

> „Gefängniskaplan" eröffnet ihm, dass sein Prozess schlecht stehe

ser zuviel fremde Hilfe, besonders bei Frauen, suche, aber selbst nicht „zwei Schritte weit" (S. 224) sehen könne. K. hofft, dass der Geistliche ihm bei seinem Prozess vielleicht helfen könne, und bittet ihn, zu ihm herunterzukommen. Der Kaplan warnt K., sich nicht von dem Gericht täuschen zu lassen und erzählt ihm die *Geschichte vom Türhüter* (vgl. S. 226 f.), die sog. Türhüterlegende:

> Geschichte vom Türhüter

Ein Mann vom Lande möchte Eintritt in das Gesetz, lässt sich jedoch vom Türhüter abweisen und wartet, trotz mehrerer Versuche eingelassen zu werden, viele Jahre vergeblich vor der Eingangstür. Er bemüht sich umsonst, den Türhüter zu bestechen, und versucht sogar, sich mit den Flöhen am Pelzkragen des Türwächters gegen ihn zu verbünden. Am Ende seines Lebens muss der Mann erfahren, dass die Eingangstür nur für ihn allein bestimmt war.

K. sieht den Mann vom Lande vom Türhüter getäuscht. Der Geistliche aber zeigt K. anhand der Auslegungen der Geschichte, dass man so schnell nicht zu einem Urteil kommen kann. Im Gegenteil, man könne auch den Türhüter als den

Getäuschten interpretieren. Auch sei der Türhüter dem Mann vom Lande eigentlich untergeordnet. K. und der Geistliche sprechen über die verschiedenen Auslegungsmöglichkeiten der Geschichte.

Aber K. ist zu müde, den Ausführungen des Geistlichen folgen zu können, und bittet ihn schließlich, wenn auch mit innerem Zögern, ihm den Weg aus dem Dom zu weisen, weil er in der Dunkelheit die Orientierung verloren hat.

Stichwörter / wichtige Textstellen:

„... der wohl wusste, dass er sich nur durch Arbeitserfolge erhalten könne und dass es, wenn ihm das nicht gelingen würde, vollständig wertlos war ..." (S. 210)

„Das Urteil kommt nicht mit einemmal, das Verfahren geht allmählich ins Urteil über." (S. 223)

„Richtiges Auffassen einer Sache und Missverstehen der gleichen Sache schließen einander nicht vollständig aus." (S. 229)

Ende (S. 236–241)

Am Vorabend seines 31. Geburtstages gegen 9 Uhr abends kommen zwei mit Gehröcken und Zylindern bekleidete Herren in K.'s Wohnung. Ohne dass dieser Besuch ihm angekündigt war, erwartet ihn K. schwarz angezogen und mit Handschuhen bekleidet.

K. ist enttäuscht von den beiden Herren, die ihm eher wie zweitrangige Schauspieler vorkommen. Trotzdem verlässt er mit ihnen unaufgefordert seine Wohnung. Die beiden Herren hängen sich bei K. ein und haben ihn so fest im Griff. Allerdings kann K. den Weg bestimmen. Kurz überlegt er, Widerstand zu leisten, als er eine Frau, die er für Fräulein

Bürstner hält, sieht. Als K. sich schließlich seinen Begleitern überlässt, kommen sie durch eine Gasse, in der sie einem Polizisten begegnen. Bevor der sie aber ansprechen kann, verlässt K., die beiden Herren mit sich ziehend, die Straße.

K. beginnt zu laufen und zwingt so die beiden kurzatmigen Herren mitzuhalten. An einem einsamen Steinbruch vor der Stadt halten sie an. Die beiden Herren entkleiden K.'s Oberkörper und betten ihn auf einen Stein.

Als einer der Herren ein scharfes Fleischermesser hervorholt und über

K's Hinrichtung

K.'s Kopf an den anderen weiterreicht, hat K. kurz das Gefühl, als müsse er das Messer ergreifen und sich selbst richten. Von fern erblickt K. eine Gestalt und noch einmal flackert kurz so etwas wie Hoffnung in ihm auf (vgl. S. 241), aber der eine Henker erfasst K.'s Gurgel, während der andere ihm das Messer ins Herz stößt und zweimal umdreht. Im Sterben kommt sich K. beschämt, wie ein „Hund" (S. 241), vor.

Stichwörter / wichtige Textstellen:

„Man sucht auf billige Weise mit mir fertig zu werden." (S. 236)
„Es war eine Einheit, wie sie fast nur Lebloses bilden kann."
(S. 237)

!
●

Fragmente

B.'s Freundin (S. 245–253)

K. versucht vergeblich, sich mit Fräulein Bürstner auszusprechen. Alle seine Versuche, sie zu treffen, scheitern. Schließlich schreibt er ihr zwei Briefe, einen an ihre Wohnung, einen an ihr Büro, in denen er sich für sein Verhalten entschuldigt und

um ein Gespräch bittet. Aber obwohl die Briefe nicht zurück-
kommen, reagiert Fräulein Bürstner nicht.

Sonntags beobachtet K., dass ihre Freundin, Fräulein Montag,
zu Fräulein Bürstner ins Zimmer zieht. Als Frau Grubach ihm
das Frühstück bringt und auf Versöhnung mit ihm hofft, be-
stätigt sie ihm, dass Fräulein Montag und Fräulein Bürstner
nun zusammenwohnen. Das Dienstmädchen meldet, dass
Fräulein Montag gerne mit K. sprechen wolle und ihn ins
Esszimmer bitte.

Fräulein Montag teilt K. im Auftrag von Fräulein Bürstner
mit, dass diese keinen Grund für eine Unterredung mit K.
sehe. Als beide das Esszimmer verlassen wollen, treffen sie
mit Hauptmann Lanz zusammen. K. fühlt sich von Fräulein
Montag und besonders von Fräulein Bürstner brüskiert, glaubt
aber, ihr überlegen zu sein und dass sie ihm nicht lange wider-
stehen könne.

K. klopft bei Fräulein Bürstner. Als sich niemand meldet, tritt
er ein. Aber Fräulein Bürstner ist nicht da. K. sieht, dass das
Zimmer umgeräumt wurde und nichts mehr mit dem Zimmer
seiner Verhaftung zu tun hat. Als er die Tür schließt, bemerkt
er, dass Hauptmann Lanz und Fräulein Montag ihn durch die
geöffnete Esszimmertür die ganze Zeit beobachten konnten.

Stichwörter / wichtige Textstellen:

„Sie sollte sich täuschen, K. wollte nichts übertreiben, er wusste, dass Fräulein Bürstner ein kleines Schreibmaschinenfräulein war, das ihm nicht lange Widerstand leisten sollte."
(S. 252)

Staatsanwalt (S. 254–260)

K. empfindet es als große Ehre, der Gesellschaft seines Stammtisches, der fast ausschließlich aus Richtern, Staatsanwälten und Advokaten besteht, anzugehören. Er war durch den Advokaten der Bank zu diesem Stammtisch gestoßen, und wenn er auch an den eigentlichen juristischen Gesprächen nicht aktiv teilnehmen kann, so ist doch seine Stimme in geschäftlichen Dingen anerkannt.

K. hatte sich allmählich mit dem Staatsanwalt Hasterer angefreundet, der auch beim Stammtisch für die „Wildheit, mit welcher er seine Meinung verteidigte" (S. 256), gefürchtet ist. Zumeist endet der Stammtisch für K. damit, dass er noch einige Zeit zusammen mit Hasterer in dessen Wohnung „bei Schnaps und Zigarren" (S. 258) verbringt. So erlebt K. auch Hasterers allmähliche Entfremdung von seiner Geliebten Helene und Helenes vergebliche Versuche, Hasterer zu halten.

Eines Tages spricht sein Direktor K. darauf an, dass er ihn mit Staatsanwalt Hasterer Arm in Arm abends

> Freundschaft mit Staatsanwalt Hasterer

durch die Stadt gehen gesehen habe. K. glaubt in solchen Gesprächen eine gewisse Fürsorge des Direktors für sich zu spüren, die vielleicht auch damit zu erklären ist, dass K. die Fürsorge des eigenen Vaters nie erfahren hatte.

Stichwörter / wichtige Textstellen:

„... wie es auch sein mochte, K. unterlag dem Direktor in diesen Augenblicken." (S. 259)

„K. erkannte seine Schwäche; vielleicht hatte sie ihren Grund darin, dass in dieser Hinsicht wirklich noch etwas Kindisches in ihm war ..." (S. 260)

Zu Elsa (S. 261–262)

Eines Abends erhält K. telefonisch die Aufforderung, in die Gerichtskanzlei zu kommen. Man warnt ihn davor, ungehorsam zu sein, und macht ihn darauf aufmerksam, dass alle seine kritischen und abwertenden Bemerkungen über das Gericht protokolliert worden seien und die heutige Verhandlung ein letzter Versuch sei.

K. hat an diesem Abend aber eine Verabredung mit Elsa und somit **für sich** eine Ausrede, wenngleich er auch ohne diese Verabredung nicht zur Verhandlung gegangen wäre. Auf seine Nachfrage erfährt K., dass das Gericht ihn nicht gewaltsam vorführen lassen werde.

K. fährt zu Elsa, zufrieden mit sich, weil er dem Gericht Schwierigkeiten machen konnte und voraussichtlich die ganze Gerichtsversammlung umsonst zu seinem Verhör erscheinen würde. Er verdrängt die Gedanken an das Gericht, und die Gedanken an die Bank erfüllen ihn ganz.

Stichwörter / wichtige Textstellen:
„Man wird Sie zu finden wissen." (S. 261)
„Mit einer gewissen Zufriedenheit dachte er daran, dass er dem Gericht, falls es wirklich in Tätigkeit war, nicht geringe Schwierigkeiten bereitete." (S. 262)

Kampf mit dem Direktor-Stellvertreter (S. 263–267)

Eines Morgens fühlt sich K. so wohl und frei von den Sorgen um seinen Prozess, dass er sogar den Direktorstellvertreter in sein Büro bittet, um eine geschäftliche Angelegenheit mit ihm zu besprechen. Seit seinem Prozess hatte K. immer wieder versucht, sich mit dem Direktorstellvertreter anzulegen, aber

jedes Mal war dieser als Sieger aus diesem „Kampf" hervorge-
gangen und hatte K. immer wieder in seine Schranken verwiesen und ihm das Gefühl seiner eigenen „Schwäche" (S. 264) zu
spüren gegeben.
Auch diesmal beachtet der Direktorstellvertreter K.'s Ausführungen, von denen sich K. sehr viel versprochen hatte, gar
nicht und beschäftigt sich stattdessen desinteressiert mit den
Verzierungen an K.'s Büroschreibtisch.

Stichwörter / wichtige Textstellen:
„Manchmal sagte sich zwar K., dass er mit dieser Methode um
nichts anderes als um seine Ehre kämpfe ..." (S. 264)
„Aber K. hätte sein Verhalten gar nicht ändern können, er
unterlag Selbsttäuschungen ..." (S. 265)

Das Haus (S. 268–271)

K. versucht herauszubekommen, wo das Amt, von dem die
erste Anzeige in seiner Angelegenheit erfolgt war, seinen Sitz
hat. Titorelli und Wolfhart nennen ihm auf seine Anfrage hin
sofort die genaue Adresse. Titorelli macht K. jedoch darauf
aufmerksam, dass dieses Amt nicht die geringste Bedeutung
habe und man darüber nicht bis zur eigentlichen Anklagebe-
hörde vordringen könne. K. empfindet Titorelli mittlerweile
als fast ebenso quälend wie früher seinen Advokaten. Aber
Titorelli ist geschwätziger und K. ist sehr wohl in der Lage,
auch Titorelli zu quälen.
Auf dem Kanapee in seinem Büro liegend fügt K. meist in
„Zustände(n) völlständiger Erschöpfung" (S. 269) seine Beobach-
tungen und Gedanken aneinander, wobei er sich auf die Leute,
die mit dem Gericht zusammenhängen, beschränkt. Sie vermi-

schen sich zu einer Gruppe durcheinander gehender Beamten und Juristen, wie auf dem Gang eines Gerichtsgebäudes.

Auch die Mieter der Frau Grubach erscheinen K. als „geschlossene Gruppe", in der er dann Fräulein Bürstner sucht und sie, ihre Arme um zwei Männer geschlungen, findet. Dieser (obwohl ihm von einer Fotografie vertraute) Anblick treibt K. ins Gerichtsgebäude, wo er einen Ausländer sieht, der in einem engen Gewand, ähnlich dem eines Stierkämpfers, in einem Vorsaal spaziert. K. bestaunt ihn fasziniert. Er kann sich nicht von dem Stierkämpfer lösen, bis er sich auf dem Kanapee herumwirft und „sein Gesicht ins Leder" drückt (S. 271).

In einer später von Kafka gestrichenen Fortführung des Fragments umschmeichelt K. Titorelli, um durch ihn ins Gerichtsgebäude zu gelangen. Als Titorelli K. auf traumhaft leichte Weise mit sich zieht, erfolgt die „Verwandlung": K. trägt ein „langes dunkles Kleid" und findet seine alte Kleidung auf einem Haufen, besonders sein Hemd „mit zittrigen Ärmeln ausgestreckt."[50]

Stichwörter / wichtige Textstellen:

„... er konnte sein Bureau nicht mehr verlassen, ohne eine Stunde lang auf dem Kanapee sich zu erholen – und fügte in Gedanken Beobachtung an Beobachtung." (S. 269 f.)

Fahrt zur Mutter (S. 272–275)

K. entschließt sich, seine Mutter zu besuchen, die er seit drei Jahren nicht mehr gesehen hat. Er hat ihr zwar versprochen, sie an jedem Geburtstag zu besuchen, aber dieses Versprechen nicht gehalten. Von seinem Vetter, der sich um K.'s Mutter kümmert, und das Geld, das K. für die Unterstützung

---

50 Kafka: *Der Prozeß* (Suhrkamp-Ausgabe), S. 264

seiner Mutter schickt, verwaltet, hat K. erfahren, dass seine Mutter zwar inzwischen fast erblindet ist, aber die übrigen Altersbeschwerden, seit sie „unmäßig fromm" (S. 272) geworden ist, sich gebessert hätten.

K. gibt Herrn Kuhn und Frau Grubach Aufträge für seine Abwesenheit bzw. den Auftrag, seine Reisetasche zu packen. Dann geht er zum Direktor, um zwei Tage Urlaub zu erbitten. K. macht sich Gedanken, ob der Besuch bei seiner Mutter gerade jetzt günstig sei, weil er dadurch evtl. Gelegenheiten verpasse, in den Verlauf seines Prozesses einzugreifen. K. ist sich durchaus bewusst, dass er seine Mutter nicht um ihretwillen, sie verlange schon lange nicht mehr nach ihm, sondern „in irgendeiner Hoffnung seinetwegen" (S. 274) besuchen will, und bezeichnet sich daher als „Narr" (S. 274).

Beim Verlassen der Bank fühlt sich K. durch den Bankbeamten Kullych, der Weisungen bezüglich eines Briefes von K. erhalten will, so verärgert, dass er den Brief zerreißt. K. fühlt sich durch den unterwürfigen Gruß des Portiers in seiner Position bestärkt. K.'s Mutter hält K. sogar für den Direktor der Bank. K. fühlt sich durch seine Demütigung

> K.'s Mutter hält K. für den Direktor der Bank

Kullychs in seinem Selbstwertgefühl bestärkt, obwohl er ihn lieber noch geohrfeigt hätte.

Stichwörter / wichtige Textstellen:

„… er hatte neuerdings unter anderem Unerfreulichem eine gewisse Wehleidigkeit an sich festgestellt, ein fast haltloses Bestreben allen seinen Wünschen nachzugeben …" (S. 273)

2.3   Aufbau

Kafkas Freund Max Brod nahm 1920 das *Proceß*-Manuskript an sich. Er wollte Kafka, der bisher als „Meister der kleinen Prosaform" galt, auch als „großen Erzähler" [51] vorstellen. Obwohl Kafka testamentarisch verfügt hatte, dass nach seinem Tod alle seine Manuskripte vernichtet werden sollten, erstellte Brod aus den 10 von ihm als „vollendet" angesehenen Kapiteln des Romanfragments eine chronologisch aufgebaute Leseausgabe.

chronologisch aufgebaute Leseausgabe

Kafka selbst hatte jedem Kapitel und jedem Fragment nur stichwortartige Überschriften gegeben. Da der Roman aber von Kafka abgebrochen wurde und unvollendet geblieben ist, hatte er weder die Kapitelfragmente in eine chronologische Ordnung gebracht noch Kapitelüberschriften ausgearbeitet. Brod und alle späteren Herausgeber des *Proceß'* übernahmen Kafkas „Stichworte" als Kapitelüberschriften. Brod vereinheitlichte zudem Kafkas Rechtschreibung und normalisierte seine Zeichensetzung.

Betrachtet man den Romanaufbau unter dem „Aspekt des Gerichts", so lässt er sich in drei Teile gliedern.[52] Zunächst treten das Gericht bzw. seine Vertreter **aktiv** in Josef K.'s Leben. Er wird verhaftet, erlebt seine Voruntersuchung sowie die Arbeit der Kanzleien und erfährt, wie und dass das Gericht bestraft (Kapitel 1–5). Danach versucht Josef K., zunächst noch durch seine Familie (Onkel), später durch das eigene Bedürfnis „gezwungen", sich über „Mittelsmänner" (Advokat, Titorelli) mit dem Gericht auseinander zu setzen, ohne das Gericht (direkt) errei-

drei Teile

---

51   Beicken, S. 36
52   Vgl. hierzu auch Hobek, S. 26 f.

chen zu können. Es bleibt quasi verborgen und **passiv.** Zum Schluss greift das Gericht wieder **aktiv** in das Leben Josef K.'s ein. Es „erklärt" durch den Gefängniskaplan sein Wesen („Türhüterlegende") und lässt K. schließlich hinrichten.
Damit ergäbe sich für den Roman folgende Aufbaustruktur:

Aufbau

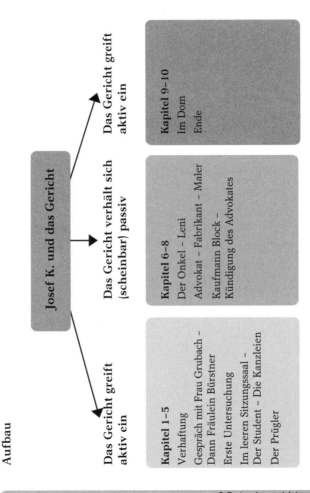

Josef K. und das Gericht

Das Gericht greift aktiv ein

Kapitel 1–5
Verhaftung
Gespräch mit Frau Grubach –
Dann Fräulein Bürstner
Erste Untersuchung
Im leeren Sitzungssaal –
Der Student – Die Kanzleien
Der Prügler

Das Gericht verhält sich (scheinbar) passiv

Kapitel 6–8
Der Onkel – Leni
Advokat – Fabrikant – Maler
Kaufmann Block –
Kündigung des Advokates

Das Gericht greift aktiv ein

Kapitel 9–10
Im Dom
Ende

Josef K.'s Verhalten erfährt erst in Kapitel 7 eine gravierende Veränderung. Erst hier erkennt er bzw. gesteht er sich ein, dass der Gedanke an den Prozess ihn nicht mehr verlässt (vgl. S. 118). Unternahm er bisher aus **eigener** Initiative nichts, um seinen Prozess zu beeinflussen (vielleicht mit Ausnahme des freiwilligen Besuches des Vorverhandlungssaales), so versucht er jetzt aktiv, selbst etwas für seinen Prozess zu tun (Gedanke an Eingabe, er sucht selbst Titorelli auf). Allerdings „versagt" K. bei der Reaktion auf das Gericht und der Ausdeutung seines Wesens (Türhüterlegende), um schließlich am Schluss in einer Mischung aus Aktivität und Passivität seine Hinrichtung auf sich zu nehmen.

Somit verhält sich Josef K. quasi entgegengesetzt zum Gericht: Erscheint das Gericht aktiv, reagiert Josef K. nur. Ist das Gericht (scheinbar) passiv, versucht K. durch Aktivität, ihm näher zu kommen, um aber schließlich die Hinrichtung über sich ergehen zu lassen.

Verlaufsstruktur:

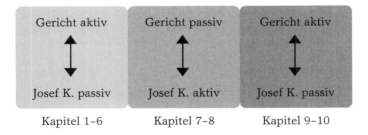

Gericht aktiv	Gericht passiv	Gericht aktiv
↕	↕	↕
Josef K. passiv	Josef K. aktiv	Josef K. passiv
Kapitel 1–6	Kapitel 7–8	Kapitel 9–10

2.4   Personenkonstellation und Charakteristiken

Die eindeutige Hauptperson des Romans ist Josef K. Die ganze Handlung ist auf ihn bezogen und wird dem Leser aus seiner Sichtweise (monoperspektivisch) wiedergegeben (s. auch Kapitel 2.6). Josef K.'s Alltag spielt sich in verschiedenen Lebensbereichen ab, in denen er mehr oder weniger freiwillig und aktiv agiert. Auch alle im Roman auftretenden Personen lassen sich diesen insgesamt sechs Bereichen zuordnen:

▶ die Bank
▶ die Pension
▶ das Gericht
▶ die Familie
▶ der Stammtisch
▶ die „Geliebte"

Außer (bestenfalls) K. sind die Personen aber keine richtigen Charaktere, sondern eher „Typen", die daher oft keine Namen haben, sondern nur nach ihrer „Funktion" bezeichnet werden (etwa: der Prügler, der Direktor, der Auskunftgeber etc.).
Ordnet man die Personen den verschiedenen Lebensbereichen zu, so ergibt sich folgende Personenkonstellation:

Lebensbereichs- und Personenkonstellation

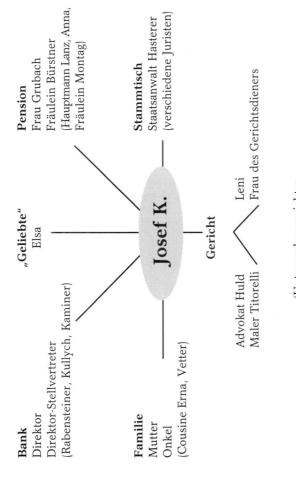

Bank
Direktor
Direktor-Stellvertreter
(Rabensteiner, Kullych, Kaminer)

„Geliebte"
Elsa

Pension
Frau Grubach
Fräulein Bürstner
(Hauptmann Lanz, Anna,
Fräulein Montag)

Stammtisch
Staatsanwalt Hasterer
(verschiedene Juristen)

Josef K.

Gericht

Leni
Frau des Gerichtsdieners

Advokat Huld
Maler Titorelli

(Untersuchungsrichter,
Gerichtsdiener, Kaufmann Block,
Kanzleibeamte, Wächter, Prügler)

Familie
Mutter
Onkel
(Cousine Erna, Vetter)

ein Karrierebeamter

Josef K. ist ein Karrierebeamter, der es mit seinen 30 Jahren bereits zum Prokuristen und damit zum dritthöchsten Beamten (nach dem Direktor und seinem Stellvertreter) einer Bank gebracht hat. Er hat seinen Vater früh verloren und ist bei seiner Mutter unter der Vormundschaft seines Onkels aufgewachsen.

K. bewohnt als „möblierter Herr" ein Zimmer in der Pension von Frau Grubach und führt bis zum „Eingreifen" des Gerichts ein streng geregeltes und angepasstes Leben (vgl. S. 26): Er arbeitet meist bis 9 Uhr abends in der Bank. Danach macht er einen kleinen Spaziergang und besucht anschließend bis 11 Uhr seinen Stammtisch. Unterbrochen wird diese tägliche Routine lediglich durch Einladungen seines Chefs und seltene Besuche bei seiner Mutter. Einmal pro Woche besucht K. zudem ein Mädchen namens Elsa, das er als „Geliebte" (S. 115) bezeichnet. Auffallend ist, dass K. kaum Kontakt zu Leuten seines Alters hat, selbst seine Stammtischbrüder sind „meist älter(e) Herren" (S. 26).

K. ist sehr stolz auf das bisher, besonders beruflich, Erreichte. So registriert er selbstzufrieden die Einladung des Direktor-Stellvertreters zur Gesellschaft auf dessen Segelboot als Zeichen für seine (K.'s) wachsende Bedeutung in der Bank, aber auch als „Versöhnungsversuch" vonseiten seines beruflichen Rivalen (vgl. S. 42).

Stolz auf seine berufliche Karriere führt zu Überheblichkeit und Standesdünkel

Dieser Stolz auf seine berufliche Karriere führt bei K. jedoch auch zu Überheblichkeit und Standesdünkel. Das zeigt sich u. a. bei seinem Umgang mit den Wächtern, denen er sich überlegen fühlt (vgl. S. 15). Er ist überzeugt, jeder Situation gewachsen zu sein oder doch zumindest sie in seinem Sinne lenken zu können (vgl. u. a. S. 22, 29).

Josef K. profiliert sich gerne vor anderen und strebt auch (vielleicht unbewusst) nach der Zustimmung (dem Applaus) anderer (vgl. S. 53 u. a.). Das zeigt sich besonders deutlich in seinem „Auftritt" bei der Voruntersuchung. Anstatt die Voruntersuchung zur Klärung der Anklagepunkte zu nutzen, schwingt er sich zum selbst ernannten Ankläger auf, um mit zum Teil fadenscheinigen Behauptungen die Zuhörer auf seine Seite zu ziehen. Auch den wartenden Angeklagten in der Kanzlei fühlt er sich überlegen und deutet ihre zurückhaltende Ängstlichkeit nur zu gerne als Verschüchterung seiner Person gegenüber.

Sein Verhalten gegenüber dem älteren Angeklagten, immerhin „einem welterfahrenen Menschen ..., der anderswo ... die Überlegenheit, die er sich über viele erworben hatte, nicht leicht aufgab" (S. 75), zeigt K.'s Überheblichkeit noch deutlicher (vgl. S. 76 f.).

Wenn K. in Beziehung zu Leuten „niedrigeren Standes" tritt, tut er das nie aus echter Zuneigung, sondern um diese Leute für sich zu benutzen (Frau des Gerichtsdieners, Leni, Titorelli) oder um diesen seine „gütige" Überlegenheit zu zeigen, wie etwa durch den Geldverleih an Frau Grubach.

So macht K. auf seine Mitmenschen zwar einen seriösen, aber keinesfalls einen besonders sympathischen, geschweige denn liebenswerten Eindruck. Gefühlsmäßig bleibt er (fast allen) Menschen seiner Umgebung, aber auch dem Leser des Romans, gleichgültig.

Zu seiner Familie hat K. kaum Kontakt. Seine Mutter lebt auf dem Land. Sie wird von ihm zwar finanziell unterstützt, aber Josef K. zahlt nur, während sein Vetter sich um sie und ihre finanziellen Angelegenheiten kümmert. Obwohl K. seiner Mutter versprochen hatte, sie jedes Jahr zum Geburtstag zu besuchen, hat er sie bereits drei Jahre nicht mehr gesehen. Ihre Mutterliebe und Zärtlichkeit hat K. „immer eher abgelehnt als hervorgelockt" (S. 260) und auch die Fürsorge des eigenen Vaters hat er nie erfahren. Seinem Onkel, der ebenfalls auf dem Land lebt, fühlt sich K. zwar verpflichtet, aber er empfindet dessen Besuche als Einbrüche in sein geregeltes Leben und bezeichnet ihn ironisch abwertend als „das Gespenst vom Lande" (S. 95).

Nach seiner Verhaftung muss Josef K. erkennen, dass seine berufliche (Selbst-)Sicherheit eine Selbsttäuschung war. Er besitzt zwar das Wohlwollen des Direktors, den er wie eine Art Vaterersatz verehrt, aber die berufliche Rivalität zu dem Direktorstellvertreter, dieser „Kampf" (S. 263), den K. jetzt zu verlieren scheint, zeigt, wie unsicher seine berufliche Position in Wirklichkeit ist.

K.'s berufliche (Selbst-)Sicherheit ist eine Selbsttäuschung

Auch in seinem moralischen Verhalten tritt nach der „Verhaftung" eine Veränderung ein. Bis auf seine Beziehung zu Elsa hatte K. bisher keine sexuellen Bedürfnisse gezeigt. Aber seine überzogene Reaktion auf Frau Grubachs Vorhaltungen Fräulein Bürstner gegenüber legen die Vermutung nahe, dass K. schon länger Interesse an Fräulein Bürstner gehabt, das aber bisher unterdrückt hatte.[53] Diese Zurückhaltung gibt er jetzt auf. Nachdem K. Fräulein Bürstner spät abends, nach ihrer Rückkehr von einem Theaterbesuch, genötigt hat, ihn in ihr Zimmer zu führen, frönt er zunächst seinem Zwang zur Selbstinszenierung, indem er seine morgendliche Verhaftung theatralisch nachspielt. Dabei versteht er Fräulein Bürstners Freundlichkeit und Nachsicht (absichtlich?) falsch und nötigt sie sexuell. Sein überfallartiger Annäherungsversuch hat etwas eindeutig Vampirhaftes an sich.[54]

53 Vgl. hierzu auch Beicken, S. 148
54 Vgl. ebd., S. 149

Dieses Verhalten gegenüber Fräulein Bürstner ist besonders auffällig, da K. sich sonst Frauen gegenüber eher passiv verhält. Zwar begehrt er die Frau des Gerichtsdieners (vgl. S. 67) und ist daher sogar eifersüchtig auf den Untersuchungsrichter und den Studenten, aber er bleibt passiv und „befriedigt" sich lediglich im Wunschtraum (vgl. S. 70). Auch Leni gegenüber verhält er sich eher gehemmt und zurückhaltend. Die Geliebte des Staatsanwaltes Hasterer widert ihn sogar an (vgl. S. 258 f.). Selbst mit Elsa hat K. wohl eher eine emotionslose Beziehung, so dass Leni zweifelt, ob Elsa überhaupt seine Geliebte ist (vgl. S. 115).

So liegt die Vermutung nahe, dass „K. ... Überlegenheit über andere zur eigenen Ich-Stärkung und Selbstbestätigung"[55] sucht bzw. braucht. Seine Selbstzufriedenheit und seine sexuellen „Attacken" auf Fräulein Bürstner sowie seine überhebliche Bemerkung, dass das „kleine() Schreibmaschinenfräulein" ihm, dem angesehenen Bankprokuristen, „nicht lange Widerstand leisten" könne (S. 252), untermauert diese Vermutung.

Auch in der Bank betrachtet K. den Direktorstellvertreter nur als Rivalen, mit dem **er** nicht gut auskommt. Alle

der Direktorstellvertreter als Rivale

Versuche des Direktorstellvertreters, das Verhältnis zwischen ihnen zu verbessern oder doch zu normalisieren, werden von K. ignoriert oder als Schwäche ausgelegt (vgl. u. a. S. 42, 263). Aber als K. durch seinen Prozess nicht mehr in der Lage ist, seine Aufgaben in der Bank voll zu erledigen, überlässt er wie selbstverständlich seine Aufgaben immer mehr dem Direktorstellvertreter. K. ist dann aber höchst befremdet, als der Direktorstellvertreter ihn schließlich nicht mehr ebenbürtig behandelt (vgl. S. 265 ff.).

---

55 Ebd., S. 149

Josef K. lebt also in gewisser Weise von seiner eigenen Selbstüberschätzung, die aber nach dem Eingreifen

Selbstüberschätzung wird demontiert

des Gerichts in sein Leben immer mehr demontiert wird. Schon seine erste selbstgefällig-überhebliche Geste, nach der Verhaftung mit einem (natürlich von ihm ausgehenden) gegenseitigen Handschlag die ganze Angelegenheit zu einem (für ihn) befriedigenden Ende zu bringen, scheitert sowohl beim Aufseher wie auch bei Frau Grubach. Aber K. zieht daraus keine Lehre, sondern belügt sich weiterhin selbst. Äußerlich und verbal gibt er vor, der Prozess sei ihm gleichgültig, aber in Wirklichkeit wartet er ungeduldig auf die Vorladung, und als er sie schließlich erhält, eilt er sogar sonntags zum Termin. Obwohl die Voruntersuchung auf Grund seiner eigenen Überheblichkeit unbefriedigend endet, geht K. am nächsten Sonntag sogar unaufgefordert wieder zum Gerichtsgebäude. Schließlich muss sich K. aber doch eingestehen, dass er den Gedanken an seinen Prozess nicht mehr verdrängen kann (vgl. S. 118).

Die Frau des Gerichtsdieners, die K. für seine Zwecke instrumentalisieren will und die sich ihm zunächst scheinbar (auch sexuell) anbietet, verliert er an einen Studenten und den von ihm verachteten Untersuchungsrichter. K. empfindet das allerdings als „die erste zweifellose Niederlage" (S. 70). Und er erleidet noch mehr Niederlagen:

Die Luft in der Kanzlei raubt ihm fast die Besinnung und macht ihn hilflos und abhängig. Fast ähnlich geht es ihm bei dem Gerichtsmaler Titorelli. Die ängstliche Scheu der Angeklagten, die K. seiner Überlegenheit zuschreibt, kommt in Wirklichkeit von dem (abergläubischen) Wissen, dass K. seinen Prozess verlieren wird. Seine Geliebte Leni liebt nicht nur ihn, sondern alle Angeklagten, selbst den in seinen Augen erbärmlichen Kaufmann Block. Schließlich zeigt ihm der Anwalt Huld, den er entlassen will, an Block das wirkliche Verhältnis von Angeklagtem und Advokaten. Selbst seine Mutter hat ein falsches Bild von K. Sie hält ihn (wohl nicht von ungefähr) für den Direktor der Bank. Sogar in der Bank fühlt er sich durch den Direktorstellvertreter beruflich immer mehr ins Abseits gestellt und bekommt von ihm schließlich seine Bedeutungslosigkeit gezeigt (vgl. S. 266 f.).

Auch K.'s unterschwellig homoeroti- sche Neigungen treten jetzt zu Tage, sei es in seiner Freundschaft zum

> K.'s unterschwellig homoerotische Neigungen

Staatsanwalt Hasterer[56] oder seinem Verhalten gegenüber dem Prügler, dem Stierkämpfer (vgl. S. 271) oder dem Maler Titorelli.[57]

Selbst bei seiner letzten Chance, das Wesen des Gerichts zu erkennen, versagt K. Seine eigene Schwäche hindert ihn daran, die Türhüterlegende, die ihm der Gefängniskaplan erzählt und deutet, richtig zu erfassen. K. entzieht sich (gewollt/ungewollt) der Situation.

Hatte K. schon kurz nach seiner Verhaftung mit dem Gedanken an Selbstmord gespielt (vgl. Kap. 5), so wartet er am Ende des Romans fast schon auf seine Hinrichtung. Er akzeptiert das Urteil des Gerichts schließlich nicht nur, sondern führt (unbewusst?) seine Henker sogar im Laufschritt zu seinem Hinrichtungsplatz (vgl. S. 239). Bei seiner Hinrichtung ist K. sogar kurz versucht, selbst Hand anzulegen (vgl. S. 241).

Sterbend erkennt K. seine eigene Bedeutungslosigkeit: er stirbt „‚wie ein Hund!' ... es war, als solle die Scham ihn überleben" (S. 241).

---

56 Vgl. hierzu auch ebd., S. 122
57 Vgl. die Vision K.'s im von Kafka gestrichenen Fragment (Kafka: *Der Prozeß*, Suhrkampausgabe, S. 263 f.)

Die Bank

Der Direktor der Bank, in der K. als Prokurist arbeitet, ist ein älterer kränklicher Mann. Er schätzt K. sehr, besonders seine „Arbeitskraft und Vertrauenswürdigkeit" (S. 26), und lädt ihn öfter zu sich ein. Auch als er erkennt, dass K. das Italienisch des Geschäftspartners nicht gut versteht, greift der Direktor so „klug und so zart" (S. 213) in das Gespräch ein, dass er K. vor einer Blamage rettet.

K. schätzt den Direktor ebenfalls sehr, besonders die Art, wie er mit ihm umgeht. Er ist für K. eine Art Vaterersatz und fühlt vielleicht

> für K. eine Art Vaterersatz

auch ähnlich für K. Daher empfindet er wohl auch K.'s Arm-in-Arm-Gehen mit dem Staatsanwalt Hasterer als befremdlich und erbittet eine Klarstellung (vgl. S. 259 f.).

Der Direktorstellvertreter ist K.'s Rivale beim Erklimmen der Karriere-

> K.'s Rivale

leiter der Bank. K. verträgt sich nicht gut mit ihm. Dennoch versucht der Direktorstellvertreter das Verhältnis zwischen ihnen zu verbessern. Er lädt K. zu einer Gesellschaft auf sein Segelboot ein und demütigt sich in K.'s Augen sogar damit. Der „Versöhnungsversuch" (S. 42) scheitert jedoch, weil K. wegen seiner Vorladung ablehnen muss.

Der Direktorstellvertreter, dessen Name nie genannt wird, versucht aber auch weiterhin, ein normales Arbeitsklima zu erhalten. Selbst nachdem K. durch sein ständiges Denken an seinen Prozess seine Arbeit in der Bank nicht mehr so gut wie früher erledigen kann, tut er so, „als hätte sich sein Verhältnis zu K. in den letzten Monaten nicht im Geringsten verändert" (S. 263). Obwohl er und K. in „ständige(m) Wettbewerb" (S. 263) stehen, hört der Direktorstellvertreter K.'s Ausführungen stets ruhig zu und zeigt K. seine Teilnahme „durch kleine vertrauliche ja kameradschaftliche Bemerkungen" (S. 263). K. bezeichnet ihn als „Muster von Pflichterfüllung" (S. 263), der sich durch nichts von „der geschäftlichen Hauptsache" (S. 263) ablenken lässt.

Als K. durch seinen Prozess nur noch mit Anstrengung in der Lage ist, seine Aufgaben in der Bank einigermaßen zu erfüllen, übernimmt der Direktorstellvertreter ganz selbstverständlich immer mehr Arbeiten K.'s und hilft ihm, seine Aufgaben, z. B. bei Besprechungen, zu erfüllen. Im Gegensatz zu K. sieht der Direktorstellvertreter dadurch sein Verhältnis zu K. (zunächst) nicht verändert.

Schließlich sieht er K. aber nicht mehr als ebenbürtigen Kollegen und gibt ihm das auch deutlich zu verstehen (vgl. S. 266 f.). Er geht jetzt sogar bei K.'s Abwesenheit in dessen Büro und holt sich K.'s Akten, um sie selbst zu bearbeiten.

Die kleinen Bankbeamten **Kaminer**, **Rabensteiner** und **Kullych** sind K.'s Untergebene und dienen lediglich als Zeugen bei seiner Verhaftung. Friedrich Hobek hat darauf aufmerksam gemacht, dass die drei Bankangestellten auch die drei in Prag lebenden Volksgruppen vertreten und dass man ihre Namen als „versteckte Anklänge an die traditionelle Todessymbolik" deuten kann:

„der Tscheche Kullych (der „Kautz" als Todesvogel), der Deutsche Rabensteiner (ebenfalls eine Anspielung auf den Tod), der Jude Kaminer („kámen" ist ein slavisches Wort für Stein, Grabstein!)"[58]

---

58 Hobek, S. 7

Die Pension

Die Pensionswirtin, **Frau Grubach**, ist eine einfache ältere Frau. Für sie ist K. ihr „bester und liebster Mieter" (S. 27). Sie ist ihm „sehr ergeben"[59], was vielleicht seinen Grund auch in ihrer finanziellen Abhängigkeit von K. hat. Er hat ihr eine „größere Summe" (S. 38) geliehen.

Frau Grubachs Verhalten K. gegenüber und ihr abendliches Strümpfestopfen zeigen sie als mütterlichen Typ. Ihre Intelligenz erscheint jedoch beschränkt, denn ihr kommt

mütterlicher Typ und
Pensionswirtin

seine Verhaftung „wie etwas Gelehrtes" (S. 28) vor. K.'s Hoffnung, in ihr eine „vernünftige() Frau" (S. 29) zu finden, die seine Erklärungsversuche bezüglich seiner Verhaftung versteht und ihnen zustimmt, wird enttäuscht. Im Gegenteil, sie lösen in Frau Grubach Unverständnis und daraus resultierend Mitleid und Befangenheit aus (vgl. S. 29 f.).

Als sich K. nach Fräulein Bürstner erkundigt, zeigt sich Frau Grubach als Pensionswirtin, die ihre Pensionsgäste durchaus auch bespitzelt und beurteilt. Hatte sie schon morgens an K.'s Tür gelauscht (vgl. S. 28), so erweist sie sich jetzt als „Überwacherin"[60] Fräulein Bürstners, die ihr „verdächtig" ist, weil sie sie „in diesem Monat schon zweimal in entlegenen Straßen immer mit einem andern Herrn gesehn" (S. 31) hat. Frau Grubach fürchtet durch dieses Verhalten Fräulein Bürstners um die „Reinheit" (S. 31) ihrer Pension, was ihrer Meinung nach auch im Sinn der anderen Pensionsgäste sein müsse.

Sie ist daher ganz erstaunt und betroffen über die heftige Reaktion K.'s und versucht, schnell einzulenken und sich mit ihm wieder zu versöhnen.

---

59 Beicken, S. 48
60 Ebd., S. 49

Fräulein Bürstner wohnt ebenfalls in der Pension von Frau Grubach. Sie ist ein „gutes liebes Mädchen, freundlich, ordentlich, pünktlich, arbeitsam" (S. 30 f.). Fräulein Bürstner arbeitet als „Schreibmaschinenfräulein" (S. 252), hat aber bereits eine neue Anstellung als „Kanzleikraft" (S. 35) im Büro eines Rechtsanwaltes. „Gerichtssachen" (S. 35) interessieren sie daher sehr. Abends besucht sie öfter Theateraufführungen und lässt sich gerne ausführen.

Fräulein Bürstner zeigt sich auch K. gegenüber nicht schüchtern, sondern bittet ihn trotz ihrer Müdigkeit und der späten Stunde in ihr Zimmer, da sie sich nicht auf dem Pensionsflur mit ihm unterhalten will.

In ihrem Zimmer hört sie K. höflich und interessiert zu. Fräulein Bürstner erscheint K. verlockend und verhält

> Fräulein Bürstner erscheint K. verlockend

sich „wegen ihrer übergroßen Müdigkeit ungezwungener ... als statthaft wäre"[61], was sie auch selbst bemerkt: „Ich bin so müde, dass ich mehr erlaube, als gut ist" (S. 37).

K. spürt im Verlauf des Gesprächs immer mehr Fräulein Bürstners „sexuelle Verlockung ... und ihre laszive Haltung scheint auch Verlockung zu signalisieren"[62]. (Vgl. S. 34 u. S. 36).

Als K. sie schließlich nach dem Klopfen aus dem Nachbarzimmer beruhigend auf die Stirn küsst, wehrt sie K. zwar verbal ab, wirft ihn aber nicht aus dem Zimmer. Durch K.'s Versicherung, für alles die Verantwortung übernehmen zu wollen, ist Fräulein Bürstner fast beleidigt und erklärt K.: „Ich kann für alles, was in meinem Zimmer geschieht die Verantwortung tragen und zwar gegenüber jedem." (S. 39)

Als sie K. schließlich zur Tür führt, „kulminiert die Szene in einem Höhepunkt, der fast schon animalische Züge auf-

---

61 Ebd., S. 50
62 Gräff, S. 14

weist"[63]. Auf die „Attacke" K.'s reagiert Fräulein Bürstner aber keinesfalls besonders geschockt oder entsetzt, sondern eher müde und abwesend (vgl. S. 39 f.). Allerdings entzieht sie sich K. fortan. Sie lässt sich auch auf keine von K. dringend gewünschte Aussprache mehr ein, sondern schickt schließlich ihre Freundin, Fräulein Montag, die ebenfalls in der Pension wohnt, um K. klar zu machen, dass sie keinen weiteren Kontakt zu ihm wünscht. Schließlich zieht Fräulein Bürstner mit ihrer Freundin, Fräulein Montag, zusammen.

moderne emanzipierte Frau

Fräulein Bürstner erscheint als moderne, emanzipierte Frau, die einem gewissen Spiel mit Männern nicht abgeneigt zu sein scheint, aber die endgültigen Grenzen selbst zieht. Sie ist „nicht habbar, nicht gefügig, wie andere Frauen, denen sich K. nähert wegen möglicher Vorteile in seinem Prozess"[64].

Das Gericht

Die **Frau des Gerichtsdieners** ist eine „junge Frau mit schwarzen leuchtenden Augen" (S. 47), die K. zunächst als „Waschfrau" (S. 57) erscheint, die ihre Familie versorgt und ihm den Weg in den Gerichtssaal weist. Dieses Bild der mütterlichen, arbeitsamen Hausfrau wird aber schon bald abgelöst durch ihr Verhalten im Gerichtssaal: Gegen Ende von K.'s Verteidigungs- und Anklagerede lenkt sie die Aufmerksamkeit unfreiwillig auf sich, als sie in einer fast schon als Kopulation erscheinenden Umarmungsszene mit dem Studenten Bertold Lustschreie erzeugend K.'s Redeeffekt zunichte macht.

erotischer Aspekt

Dieser erotische Aspekt tritt bei K.'s zweiter Begegnung mit ihr, verbunden

---

63 Ebd., S. 14
64 Beicken, S. 117

mit dem Aspekt der Macht bzw. Machtausnutzung, immer mehr in den Vordergrund. K.'s Empörung über ihr Verhalten, als er erfährt, dass sie eine verheiratete Frau ist, kontert sie mit der Schilderung ihrer totalen Abhängigkeit vom Gericht. Ihr Mann sei ein einfacher Gerichtsdiener, wolle er seine Stellung behalten, müsse sie die sexuellen Übergriffe des Jurastudenten und des Untersuchungsrichters dulden. Auch ihr Mann müsse sich damit abfinden. „Sie stellt sich aufgrund ihrer Lage als ausbeutbares und ausgebeutetes Wesen, als Opfer von Machtstrukturen dar"[65].

Auf K. wirkt die Frau des Gerichtsdieners sowohl körperlich wie auch durch ihre Verbindungen zum Untersuchungsrichter sehr verlockend. Sie verstärkt dieses Empfinden K.'s noch, als sie seine Hand erfasst und sich darüber beklagt, wie „widerlich" (S. 62) die Zustände und Verhältnisse bei Gericht seien. Dabei spricht sie K. als Weltverbesserer und Retter an und schmeichelt damit seiner Eitelkeit. Sie „wirbt verführerisch um ihn wie um einen biblischen Erlöser"[66], was sich besonders in ihrer schon fast unterwürfigen Aussage „ich gehe wohin Sie wollen, Sie können mit mir tun, was Sie wollen, ich werde glücklich sein"(S. 67) zeigt.

Allerdings widerruft die Frau des Gerichtsdieners ihren Wunsch nach Befreiung, als sie sich von Bertold ohne Gegenwehr zum Untersuchungsrichter tragen lässt. K.'s Befreiungsversuch wehrt sie sogar „mit beiden Händen" ab (vgl. S. 69). Die Frau des Gerichtsdieners kann (oder will) sich nicht aus ihrer Abhängigkeitssituation befreien. Die (scheinbar) mögliche Rettung durch K., die sie als Möglichkeit der Flucht aus ihrer Situation sieht (oder vielleicht auch nur erträumt), lehnt sie schlussendlich ab.

65 Ebd., S. 154
66 Ebd., S. 154

> *„So betörend die Frau eine heilsgläubige Hoffnung heraufbe-*
> *schwört, so desillusionierend ist der Rückfall in die alte Unter-*
> *würfigkeit, in den Dienst am Gericht … K. wird eine ‚Tyrannei'*
> *(S. 68) vorgeführt, welche die Verfügbarkeit der Frau im patri-*
> *archalischen System illustriert."*[67]

Leni, die Pflegerin und Haushälterin des Advokaten Huld, ist ein junges Mädchen mit „dunklen ein wenig her-

Pflegerin und Haushälterin des Advokaten Huld

vorgewälzten Augen" (S. 104) und einem „puppenförmig gerundete(m) Gesicht" (S. 104). Sie wird von Huld als gute Pflegerin und als „brav" (S. 105) bezeichnet und ist (auch zunächst) bemüht, K. und seinen Onkel von dem kranken Advokaten fern zu halten. Sehr bald aber zeigt sie die andere Seite ihres Wesens.

Sie lockt K. aus dem Zimmer des Advokaten und von nun an dominiert Leni die Situation und kommt sehr schnell auf ihr (scheinbar) eigentliches Anliegen. Sie zwingt K., sein Verhält-nis zu Elsa offen zu legen, und erkennt dabei sehr schnell, dass dieses Verhältnis mehr K.'s Wunschdenken als der Reali-tät entspricht (vgl. S. 115). Schließlich handelt Leni K. ein Tauschgeschäft ab, in dem sie sich an die Stelle Elsas setzt. Während des Gesprächs nähert Leni sich K. körperlich immer mehr. Sitzt sie zunächst noch auf seinem Schoß, kniet sie am Ende auf ihm. Leni macht sich K. hemmungslos untertan. Schließlich beugt sie sich über ihn und „biss und küsste seinen Hals, biss selbst in seine Haare" (S. 116). Dabei zieht Leni K. auf den Teppich hinab und verkündet triumphierend ihren Besitzanspruch: „Jetzt gehörst du mir" (S. 116).

Noch animalischer als K. bei Fräulein Bürstner nimmt Leni nun K. selbst in Besitz. Dieses Animalische, das K. beinahe

---

67 Ebd., S. 155

Angst macht, verbunden mit Lenis körperlicher Anomalie (der Ring- und der Mittelfinger ihrer rechten Hand sind durch ein Verbindungshäutchen miteinander verbunden) – K. nennt es bezeichnenderweise „Kralle" (S. 115) – lässt Leni wie eine mythische Sirene (oder Buhlerin) erscheinen, deren Verlockung todbringend ist.

Ihr Ziel ist nicht, K.'s Rebellion gegen das Gericht zu unterstützen, sondern seine (K.'s) Versklavung. So „demontiert" sie die (Selbst-)Darstellung des Untersuchungsrichters und versucht K. zu überreden, sich dem Gericht zu unterwerfen und zu gestehen. Sie bietet ihm sogar dabei ihre Hilfe an (vgl. S. 113 ff.).

Bei seinem letzten Besuch beim Advokaten, bei dem K. ihn entlassen will, muss er aber erkennen, dass er nicht der einzige Geliebte Lenis ist, sondern dass sie **alle** Angeklagten „liebt" (S. 194). Selbst der auf K. erbärmlich wirkende Kaufmann Block ist ihr Geliebter. Ihn haben Leni und der Advokat schon zum hündischen Sklaven gemacht, was sie K. nun vorführen, um K. sein wahres Verhältnis zum Advokaten (und zu Leni) zu demonstrieren (vgl. S. 202 ff.).

> sie „liebt" alle Angeklagten

Der **Advokat Huld** ist ein „Schulkollege" (S. 102) von K.'s Onkel. Huld hat als Verteidiger und Armenanwalt einen „bedeutenden Ruf" (S. 102). Huld behauptet K. gegenüber, früher eine große Kanzlei mit vielen Hilfskräften gehabt zu haben. Allerdings habe er sich inzwischen mehr auf Arbeiten in der Art von K.'s Prozess spezialisiert und sei zudem zu der Einsicht gekommen, dass man persönlich die Angelegenheiten seiner Klienten übernehmen müsse, um sich nicht an ihnen zu „versündigen" (S. 198).

Huld ist in die Jahre gekommen und
anscheinend herzkrank. Unter Herz-
anfällen hatte er aber auch schon früher zu leiden. Huld kann
(oder will) sein Bett nicht mehr verlassen und empfängt seine
Gäste und Klienten auch hier. Obwohl er nur noch selten
hingehen kann, hat er immer noch Verbindungen zum Gericht und seinen Beamten. Sie besuchen ihn, wie der Kanzleidirektor, sogar zu Hause und versorgen ihn mit den neuesten
und wichtigsten Informationen über die Prozesse und das Gericht. So weiß Huld auch bereits von K.'s Prozess.

> Huld ist herzkrank

Zunächst ist der Anwalt gerne bereit, K.'s Interessen zu vertreten. Als er K.'s geringes Interesse an seinem eigenen Prozess bemerkt, ist er allerdings verärgert und auch gesundheitlich getroffen (vgl. S. 117). Bei den späteren Besuchen K.'s, bei
denen er sich nach dem Verlauf seines Prozesses und den
Aktivitäten des Anwalts erkundigt, vertröstet Huld K. immer,
ohne ihm wirklich zu sagen, wie seine Sache steht. Regelmä-
ßig versucht Huld K. mit unbestimmten Hoffnungen zu täuschen und mit unbestimmten Drohungen zu quälen. „Nachdem der Advokat ihn genügend gedemütigt zu haben glaubte,
fieng er gewöhnlich an, ihn wieder ein wenig aufzumuntern"
(S. 119).

Huld bezeichnet sich zwar selbst als „großen Advokaten"
(S. 188), ist aber nur ein kleiner Anwalt (vgl. S. 188), der sich
„auf geradezu hündische Weise vor Gericht demütigte"
(S. 186).

Als K. ihn entlassen will, nimmt Huld seine Entlassung nicht
an und versucht, ihn als Klienten zu halten. Schließlich zeigt
er K. am Kaufmann Block, „wie andere Angeklagte behandelt
werden" (S. 200). Huld demütigt gemeinsam mit Leni den
Kaufmann Block auf die beschämendste Weise:

In einem „lustvoll inszenierte(n) erotische(n) Beziehungstheater", das K. wie ein „einstudiertes Gespräch" (S. 204) vorkommt und ihm von Leni „anzüglich und verführerisch" vorgeführt wird, zeigt sich „Eros ... als Mittel zur Beherrschung oder Schaffung von Abhängigkeit"[68].

Der Advokat demonstriert K. schließlich, „dass nicht nur physische oder erotische Überlegenheit oder erotische Macht Zeichen von Herrschaft ist", sondern auch verbal Macht ausgeübt werden kann, die den Kaufmann Block schließlich als „völlig willenloses Wesen entmenschlicht"[69]: „Das war kein Klient mehr, das war der Hund des Advokaten" (S. 205).

Auch der Maler **Titorelli** gehört zum Bereich des Gerichts. Er ist K. als jemand empfohlen worden, der zwar selbst keinen großen Einfluss hat, aber dadurch, dass er das Gericht und seine Richter kennt, doch Ratschläge geben kann, „wie man verschiedenen einflussreichen Leuten beikommen kann" (S. 142). Titorelli ist sein Künstlername[70], sein richtiger Name wird nie genannt. Er lebt in einer armen Gegend der Vorstadt, wo er unter dem Dach ein kleines Zimmer bewohnt, das er als Wohnraum und Atelier benutzt. Rein äußerlich ist der Maler nicht sehr Vertrauen erweckend. Er trägt auch tagsüber nur ein Nachthemd, über das er sich eine breite gelbe Leinenhose gestreift hat. Auch seine Wohnung ist ungepflegt und schmutzig. Aber Titorelli scheint sich in dieser Umgebung wohl zu fühlen. „Er hat etwas Bohemiehaftes, Lebenskünstlerisches"[71]. Seine Kunst kann ihn nicht ernähren, er lebt daher notgedrungen in diesem Zimmer, das ihm vom Gericht zur Verfügung gestellt worden ist. Titorelli hat jeden künstlerischen Schwung

---

68 Beicken, S. 121
69 Ebd., S. 121
70 Vgl. zur Deutung des Künstlernamens Titorelli: Andreas Bruggisser: *Franz Kafka*, S. 185, Anm. 1
71 Ebd., S. 216

verloren und malt nur noch immer gleiche Heidelandschafts-
bilder oder als Auftragsarbeiten Richterporträts. Als Gerichtsmaler ist er ein „Vertrauensmann des Gerichtes" (S. 154).
Seine Stellung ist zwar nicht öffentlich anerkannt (S. 155),
aber darum nicht minder wichtig und einflussreich. So wird
diese Stellung auch immer nur innerhalb einer Familie vererbt.

Titorelli zeigt sich als geschickter Taktierer, indem er zunächst auf das Empfehlungsschreiben nicht eingeht
und K. die Anfangsinitiative überlässt. Bei seinen Ausführun-
gen über das Gericht und die Ausgangsmöglichkeiten eines
Prozesses zeigt sich, dass Titorelli zumindest die niedrigen
Behörden durchschaut hat.
Er ist

> „illusionslos, aber offen und klar: die absolute Freiheit hält er
> für unmöglich, und er bescheidet sich realistisch mit den Gren-
> zen, die dem Erkenntnisvermögen gesteckt sind, ... aber er weist
> gangbare Wege zum Überleben, die auch K. offen stünden".[72]

Auch wenn K. diese Wege ablehnt, weil er den endgültigen
Freispruch will, „so bleibt nichtsdestoweniger der Maler diejeni-
ge Figur, die von allen die praktikabelste Hilfe anzubieten
hat, wenigstens was die äußerliche Selbstbehauptung an-
geht"[73].
Titorellis Verhalten gegenüber den Mädchen, diesen „Mäna-
den im Puppenstand"[74], ist eine Mischung aus freundlicher,
leicht genervter Abwehr (er wehrt sie auf der Schwelle zu
seiner Tür ab (vgl. S. 150) und bezeichnet sie als wahre Last,
die ihn bei seinen Besuchern kompromittieren und von Arbeit

---

72 Ebd., S. 218
73 Ebd., S. 218
74 Pulitzer, S. 327

und Schlaf abhalten (vgl. S. 150 f.)) und geschmeichelter künstlerischer Eitelkeit ob ihrer ungestümen begeisterten Bewunderung seiner Person (vgl. S. 174).

Auch der **Geistliche** im Dom gehört zum Gericht. Er bezeichnet sich als „Gefängniskaplan" (S. 222). Von seiner Predigtkanzel ruft er K. ganz persönlich an (vgl. S. 221). Der Geistliche eröffnet K., dass sein Prozess schlecht steht. Er macht K. darauf aufmerksam, dass er zuviel fremde Hilfe, besonders bei Frauen, sucht und dass er vieles missversteht und sich falsch verhält. K.'s Kurzsichtigkeit erzürnt ihn schließlich: „Siehst du denn nicht zwei Schritte weit?" (S. 224).
Aber der Geistliche ist freundlich zu K. Er flößt ihm Vertrauen ein und erzählt ihm schließlich die „Türhüter-Legende". Sie soll die Täuschung illustrieren, in der sich Josef K. dem Gericht gegenüber befindet.
In der anschließenden Exegese äußert der Geistliche aber keine deutende Meinung über die Legende, sondern reiht nur Betrachtungen und verschiedene Auslegungsmöglichkeiten aneinander.[75] Schließlich lehnt der Geistliche die Identifikation des Geschehens mit der Wahrheit, die K. sehen wollte, ab. Der Geistliche hatte K. am Anfang erklärt, so viel Zeit für ihn zu haben, als dieser brauche. Als K. schließlich vorgibt, zurück in die Bank zu müssen, lässt er ihn gehen. Auf K.'s Versuch, von ihm zurückgehalten zu werden, lässt der Geistliche sich nicht ein, sondern verweist K. auf sich selbst (vgl. S. 235).

Die Familie

Von K.'s Familienangehörigen tritt nur sein **Onkel** im Roman auf, die anderen werden lediglich erwähnt. K.'s Onkel ist sein

---

75 Vgl. Bruggisser, S. 353 u. a.

K.'s Onkel ist sein ehemaliger Vormund

ehemaliger Vormund. Er wohnt auf dem Land und besucht K. zuweilen, um dann auch bei ihm zu übernachten. K. sind diese Besuche eher lästig (vgl. S. 95). Als der Onkel von K.'s Prozess erfährt, besucht er ihn sofort in der Bank, um Näheres zu erfahren und ihm zu helfen. Dabei benimmt er sich unbewusst sehr unangemessen (vgl. S. 96) und indiskret (vgl. S. 99 u. a.), sodass K. mit ihm die Bank verlässt, um frei zu reden.

Der Wunsch des Onkels, K.'s Prozessangelegenheiten zu klären, beruht dabei allerdings nicht nur auf seiner persönlichen Sorge um K., sondern auch auf der Sorge um den guten Ruf der Familie (vgl. S. 98). Der Onkel bringt K. dazu, einen Anwalt wegen seines Prozesses aufzusuchen und führt ihn zu seinem ehemaligen Schulfreund Huld. Im Gegensatz zu K. bemüht sich der Onkel hier um Prozesshilfe, während K. sich im anderen Zimmer mit Leni beschäftigt.

Der Onkel durchschaut auch sofort das wahre Verhältnis von Leni zum Anwalt, indem er in Leni die Geliebte Hulds vermutet. Instinktiv ist Leni dem Onkel unsympathisch. Er lehnt sie als „Hexe" (S. 107) und „kleine[s] schmutzige[s] Ding" (S. 116) ab.

Nachdem der Onkel längere Zeit draußen im Regen auf K. hat warten müssen, macht er ihm Vorwürfe, dass er wegen eines Techtelmechtels mit Leni die Chance auf eine Prozessverbesserung vertan habe, obwohl der Gedankenaustausch zwischen Onkel, Advokat und Kanzleidirektor wohl eher einen belanglosen Eindruck gemacht hat.

> *„Den Onkel scheint vor allem die konventionelle Einstellung zu motivieren, Beziehungen spielen zu lassen und durch entsprechende Achtung bei Respektpersonen einen guten Eindruck oder gar Wohlwollen zu erwerben."*[76]

---

76 Beicken, S. 64

Auch zu seiner **Mutter** hat K. kein enges Verhältnis. Sie wohnt ebenfalls auf dem Land und hat K. seit über zwei Jahren nicht mehr gesehen, obwohl sie ihn damals gebeten hatte, sie an seinem Geburtstag zu besuchen.

K.'s Mutter wird von ihrem Neffen, der im gleichen Orte ein Kaufmannsgeschäft hat, versorgt. Sie erblindet langsam, aber ihre anderen Altersbeschwerden haben sich gebessert. Nach Meinung des Neffen hänge das vielleicht damit zusammen, dass sie im Alter „unmäßig fromm" (S. 272) geworden sei.

Obwohl es K. schon mehrfach richtig gestellt hat, glaubt seine Mutter nach wie vor, er sei der Direktor der Bank.

Das alles zeigt

> „in Umrissen die Belastung in K.'s Beziehung zur Mutter. Zwischen ihnen besteht wenig Zuneigung, Zärtlichkeit oder Liebe. K. ist nicht nur vaterlos, er ist im Inneren auch ohne Mutter, ohne jegliches Leitbild liebender Hingabe ... K.'s Prozess handelt auch von der Unfähigkeit zu lieben."[77]

K.'s **Vetter**, der K.'s Mutter betreut, schreibt ihm, um ihn über seine Mutter zu unterrichten. Ansonsten scheint K. keine Beziehung zu ihm zu haben. Auch um seine **Cousine Erna**, die Tochter seines Onkels, eine 17-jährige Gymnasiastin, kümmert sich K. kaum. Als sie ihn in der Bank besuchen will, lässt K. sie wegen (angeblich) zu viel Arbeit nicht vor. Trotzdem nimmt Erna K. in Schutz. Obwohl er ihren Geburtstag vergessen hatte, erzählt sie ihren Eltern, K. habe ihr eine große Schachtel Schokolade geschenkt, um ihn vor Onkel und Tante in Schutz zu nehmen (vgl. S. 97 f.). Auch veranlasst sie, als sie von K.'s Prozess erfahren hat, ihren Vater, K. zu helfen.

---

77 Ebd., S. 95

Der Stammtisch

Außer seinem Direktor ist K. lediglich **Staatsanwalt Hasterer** emotional verbunden. Hasterer ist die dominierende Figur der Juristenstammtischrunde, zu der auch K. als „Externer" gehört. Hasterer hat K. über den Rechtsvertreter der Bank kennen gelernt und allmählich ist daraus eine enge Freundschaft entstanden, auf der auch K.'s Ansehen beim Juristenstammtisch mit beruht.

Hasterer ist als Jurist sehr angesehen, aber noch mehr gefürchtet ist die „Wildheit, mit welcher er seine Meinung verteidigte" (S. 256). Das kann bei Nichteinigung auf seine Meinung bis zu fast körperlichen Attacken führen.

Auch liebt es Hasterer, beim Juristenstammtisch die jüngeren Juristen zu examinieren und der Lächerlichkeit preiszugeben. Trotzdem ist er bei den jungen Beamten sehr angesehen und sie erweisen ihm immer „die größten Ehren" (S. 257), wenn er gegen elf Uhr den Stammtisch verlässt.

Wenn es sich aber nicht um juristische Streitgespräche handelt, ist Hasterer „freundlich und ruhig, sein Lachen war liebenswürdig und seine Leidenschaft gehörte dem Essen und Trinken" (S. 257). Mit K. hat Hasterer ein enges Verhältnis, sodass er sich mit ihm sogar über seine Damenbekanntschaft unterhält, „die ihm fast soviel zu schaffen machten wie das Gericht" (S. 257). Er lädt K. schließlich nach dem Stammtisch noch zu sich nach Hause ein und diese Treffen sind ihm so wichtig, dass er sie auch fortsetzt, als er sich eine Geliebte zugelegt hat. Diese Geliebte, Helene, liegt „gewöhnlich recht schamlos" (S. 258) im Bett und bietet Hasterer ihre Dienste an, die dieser schließlich „lächelnd" (S. 258) annimmt, während K.

sich verabschiedet. Als Hasterers Interesse an Helene erlahmt und K., dem es peinlich ist, dass sie sich an ihn heranmacht, um Hasterer eifersüchtig zu machen, seine Besuche verweigert, schickt Hasterer sie schließlich fort. Darauf feiert Hasterer mit K. so ausgiebig Brüderschaft, dass K. davon ganz „betäubt" (S. 259) wird.

K. begleitet Hasterer öfter des Nachts nach Hause, wobei er sich lange nicht daran gewöhnen kann, Arm in Arm neben dem riesigen Mann zu gehen, der ihn in seinem Radmantel ganz unauffällig hätte verbergen können (vgl. S. 255).

Die „Geliebte"

Das Mädchen **Elsa**, das als Einzige von K. als „Geliebte" (S. 114) bezeichnet wird, tritt im Roman nicht persönlich auf. Sie arbeitet nachts als Kellnerin in einer Weinstube und empfängt Besuche während des Tages „nur vom Bett aus" (S. 26). Sie wird einmal in der Woche von K. besucht. Er trägt auch eine Momentaufnahme von ihr bei sich, auf der Elsa nach einem Wirbeltanz, „wie sie ihn in dem Weinlokal gern tanzte" (S. 114), abgebildet ist.

Elsa ist ein „große[s] starke[s] Mädchen" (S. 115), das auf Leni „unbeholfen und roh" (S. 115) wirkt. Im Gegensatz zur Vermutung Lenis behauptet K., dass Elsa „weder sanft" noch „freundlich" (S. 115) sei.

Auffallend ist, dass in keiner von K.'s Wunsch- oder wirklichen Beziehungen Zuneigung oder sogar Liebe eine Rolle spielen. Sie beruhen alle auf sexueller Verlockung und dem Bedürfnis, Vorteile aus ihnen zu ziehen bzw. den anderen zu beherrschen.

2.5 Sachliche und sprachliche Erläuterungen

Textbeleg	Erklärung
S. 11	*Unterschleife* (österreichisch): Unterschlagung, Betrügerei, Diebstahl
S. 12	*Dienstmänner:* zu Botengängen und Trägerdiensten bereitstehende (meist ältere) Männer
S. 18	*Rock:* Sakko, Herrenjackett
S. 21	*die hohe Schule reiten:* eigentlich: schwierigste Form der Pferdedressur, hier: ironisch für etwas Besonderes bieten
S. 32 u. a.	*Kanapee* (französisch/österreichisch): Sofa (mit Lehne)
S. 33	*Ottomane* (türkisch): niedriges Liegesofa (ohne Lehne)
S. 46	*Aftermiete* (österreichisch): Untermiete
S. 87	*Expedition:* Versandabteilung einer Firma oder eines Geschäftes
S. 95	*Fauteuil* (französisch/österreichisch): Lehnstuhl, (Lehn-)Sessel
S. 102 u. a.	*Advokat:* veraltet für Rechtsanwalt
S. 119	*Petent:* veraltet für Bittsteller
S. 137	*Kommis* (französisch): veraltet für Handelsgehilfe
S. 265	*Zwicker:* bügellose Brille, die durch den Kneifer auf der Nase gehalten wird, oft mit Kette am Revers befestigt

2.6 Stil und Sprache

Kafkas Stil wirkt auf den ersten Blick „sachlich und genau ... nüchtern und präzise"[78]. Kafka bemüht sich, eine „knappe, kühle, unbeteiligte und wortarme Sprache"[79] zu verwenden, die sicherlich auch durch seine Arbeit als Jurist geprägt ist. Auch hier ist Sachlichkeit und präzise Ausdrucksweise gefordert.

Sieht man aber genau hin, so erkennt man, dass Kafka sehr wohl ganz gezielt die verschiedensten sprachlichen und stilistischen Mittel einsetzt, um auf den Leser einzuwirken. Daneben ist seine Sprache von österreichischen (s. Kapitel 2.5) und besonders Prager Spracheigenheiten gekennzeichnet.

Noch markanter als sein **Sprachstil** ist Kafkas **Erzählstil** im *Proceß*. Der Roman setzt unmittelbar ein, der Leser wird, ähnlich wie bei einer Kurzgeschichte, direkt in die Handlung hineinversetzt. Ein Erzähler, der zwischen Romangeschehen und Leser vermittelt, ist nicht erkennbar, vielmehr wird alles aus der Perspektive Josef K.'s berichtet.

> ähnlich wie bei einer Kurzgeschichte

Diese Technik des **personalen Erzählens**, bei der der Erzähler nur von Dingen berichtet, also aus der Erzählperspektive, die auch die im Roman handelnden Personen erfahren, und er sich jeglichen Kommentars enthält, also quasi „seinen Standpunkt innerhalb des Geschehens wählt"[80], wird von Kafka im *Proceß* auf die Spitze getrieben. Der Leser wird hier (fast) ausschließlich auf die Sichtweise (Perspektive) der Hauptperson Josef K. festgelegt. Eine solche Erzählweise bezeichnet man als **einsinniges** oder **monoperspektivisches Erzählen**.[81]

---

78 Ebd., S. 109
79 Klaus Wagenbach: *Kafka*, S. 55
80 Ebd., S. 94
81 Vgl. Hobek, S. 28, und Gräff, S. 94

Es besteht somit die „Gefahr", dass der Leser das Geschehen nur noch durch den Blickwinkel der Hauptfigur sieht und damit die kritische Distanz verliert. Der Leser darf nicht vergessen, dass auch Josef K. das Geschehen filtert, denn

> *„nicht Fakten werden vermittelt, sondern subjektive Eindrücke. Wie die Zu- und Umstände außerhalb dieses vermittelnden Bewusstseins wirklich sind, lässt sich nicht feststellen, dafür werden keinerlei Anhaltspunkte geboten. Die Frage darf daher nicht lauten, wie die Welt wirklich beschaffen ist, sondern wie dieses [K.'s] Bewusstsein auf sie reagiert und wie dieses Bewusstsein wohl beschaffen ist. Ob diese Welt, und damit der Prozess, überhaupt außerhalb dieses Bewusstseins existiert oder ob sie sich nur aus den Projektionen des Bewusstseins zusammensetzt, bleibt offen."* [82]

Obwohl dem Leser das Geschehen nur aus der Sicht Josef K.'s vermittelt wird, geschieht jedoch auffälligerweise keine Identifikation mit dem „Haupthelden". „Der Leser ‚sieht' und ‚hört' mit K., fühlt aber nicht mit ihm." [83]

keine Identifikation mit dem „Haupthelden"

Durch seine „Erzählform" gelingt es Kafka aber auch, den Leser unmerklich dazu zu bringen, seine eigenen Empfindungen und Sichtweisen auf Josef K. zu übertragen. K. wird quasi zur „Hohlform" [84], die mit den Leserempfindungen und -regungen aufgefüllt wird.

Im Folgenden werden einige Sprach- und Stilmittel Kafkas hervorgehoben und erklärt, die auch sprachlich zur charakteristisch-eigenartigen Atmosphäre des Romans beitragen:

---

82 Gräff, S. 94
83 Ebd., S. 94
84 Ebd., S. 95

Sprachliche Mittel/ Stil	Erklärung	Textbeleg[85]
Beschränkung auf die Wahrnehmung einzig aus der Sichtweise Josef K.'s	Der Leser muss sich mit dem Bewusstsein Josef K.'s auseinander setzen	Durchgängige Darstellungsweise innerhalb des ganzen Romans (S. 9–275)
Hypothetischer Erzählstil	Geäußerte, unbewiesene Annahmen werden zur Grundlage des Verhaltens von Personen; schafft die Möglichkeit, nicht Existierendes oder Unsichtbares zu evozieren, etwa bei der Schuldbehauptung	Vgl. u. a. S. 9, 51 f., 71, 236
Erlebte Rede	Darstellung innerer Vorgänge von Personen (Zwischenstellung zwischen objektivem Erzählen und persönlicher Perspektive)	Vgl. u. a. S. 9, 241
Erzählerische Ironie	Hinweis auf subtile Widersprüche in K.'s Innerem zwischen seinem tatsächlichen und seinem vorgeblichen Bewusstsein	Vgl. u. a. S. 17
Groteske	Betont die Unfassbarkeit der Situation, nimmt das Pathos	Vgl. u. a. S. 9 ff., 41 ff., 236 ff.

---

85 Vgl. hierzu u. a. Beicken, S. 103S–114, Gräff, S. 92–106, Zimmermann, S. 44–46

Genaue Detail-beschreibung	Schafft Atmosphäre, die aber z. T. im Kontrast zu K.'s Situation steht, trägt so zur „Unheimlichkeit" bei	Vgl. u. a. S. 9, 91, 147 f., 241
Wechsel zwischen Indikativ und Konjunktiv	Erzeugt und zeigt Unsicherheit und Verunsicherung K.'s	Vgl. u. a. S. 119 ff.
Anrede in der 2. Person Singular und der 2. Person Plural	Soll die Sprache der Feudalzeit zwischen Herren und Untergebenen (Sklaven) imitieren, um so die Unterwerfung Blocks unter den Advokaten Huld auch sprachlich zu kennzeichnen	Vgl. S. 201 ff.

2.7 Interpretationsansätze

Kafkas Roman *Der Proceß* gehört wohl zu den am meisten und intensivsten interpretierten Werken der Weltliteratur. Bisher gibt es mehr als 315 Interpretationen.[86] Kafkas vieldeutige und komplexe Romanwelt hat dabei eine Fülle der unterschiedlichsten und widersprüchlichsten Deutungen hervorgebracht. Jedoch entzieht sich das rätselhafte Werk beharrlich einer abschließenden Deutung.

Jeder Leser, der sich auf Kafkas Roman einlässt, wird seine eigene Deutung finden (müssen). Allerdings sind die bisherigen Interpretationen Richtlinien und Orientierungspunkte durch das „Labyrinth" von Kafkas Romanwelt und bieten oft Hilfen bei der eigenen Verständnissuche.

Im Folgenden werden daher in einem tabellarischen Überblick zunächst die wichtigsten Interpretationsrichtungen vorgestellt, bevor ein kurzer Blick auf einige neuere Aspekte des Romans gegeben wird.

---

86 Vgl. Gräff, S. 5

Kurzbezeichnung der Interpretationsrichtung	Kurzbeschreibung typischer Aussagen der jeweiligen Interpretationsrichtung[87]
Theologisch-religiöse Deutung	Diese Interpretationen gehen häufig von den „religiösen Motiven" im Roman aus. So werden das Gericht als göttliche Instanz und K.'s Schuld als Symbol der Erbsünde etc. gesehen. Aber auch die Ähnlichkeit mit den Vorstellungen der spätantiken Gnosis wird herausgestellt, etwa die Abwesenheit und Unerreichbarkeit Gottes oder das Festgehaltenwerden auf dieser (Gefängnis-)Welt durch böse Geister (die Diener des Gerichts). Auch Kafkas jüdische Herkunft und seine Beschäftigung mit der jüdischen Mystik der Kabbala glaubt man im Roman wiederzufinden. So endlos, komplex und sich dem menschlichen Verstand entziehend hier die Suche nach dem Sinn der Heiligen Schrift ist, ist K.'s Suche nach dem „Sinn" des Gerichts.
Philosophische Deutung	Einmal wird hier der Einfluss von Schopenhauers pessimistischer Weltsicht auf den *Proceß* dargelegt, aber auch der von Nietzsches Nihilismus. Die Existenzialisten und später der „Populärexistenzialismus" haben in Josef K. einen

---

87 Vgl. hierzu auch Beicken, S. 172–176, Gräff, S. 121–129, Hobek, S. 45 f., Friedrich Nemec: *Der Prozess*, S. 44 ff., Michael Schmidt: *Der Prozess*, S. 7870 f., Zimmermann, S. 64–80, www.zum.de/Faecher/D/Sa/gym/prozdeut.htm (Stand 2003)

Kurzbezeichnung der Interpretationsrichtung	Kurzbeschreibung typischer Aussagen der jeweiligen Interpretationsrichtung
	modernen „Jedermann" gesehen, der mit der „unerträglichen Widersprüchlichkeit der Existenz behaftet ist".[88] K.'s Versagen wird als „allgemein menschliches Versagen"[89] interpretiert.
Philosophische Deutung	Das Gericht und die Verhaftung werden aber auch als Aufforderung zur „Eigentlichkeit des Seins des Lebens durchzustoßen" und damit das „Uneigentliche des Daseins abzustreifen" gesehen. Die Schuld K.'s wäre dann das „Verharren in der außen gelenkten Uneigentlichkeit des Daseins."[90]
Psychologisch-biografische Deutung	Die Interpreten dieser Richtung versuchen den *Proceß* aus der Biografie des Autors zu erklären und stellen dabei die Wechselbeziehung zwischen dem Leben Kafkas und seinem Werk in den Vordergrund. Besonders verweisen sie dabei auf die „Ver-"Arbeitung seines Verhältnisses zu seinen Eltern, besonders zum Vater, und seinen Verlobten im Werk. So sieht Elias Canetti den *Proceß* als Verarbeitung der Ver- und Entlobungsgeschichte

---

88 Schmidt, S. 7870
89 Ebd., S. 7870
90 www.zum.de/Faecher/D/Sa/gym/prozdeut.htm (Stand 2003)

Kurzbezeichnung der Interpretationsrichtung	Kurzbeschreibung typischer Aussagen der jeweiligen Interpretationsrichtung
	Kafkas mit Felice Bauer, und Hartmut Binder findet im Werk Kafkas gar „das Abbild der psychologischen Struktur des Autors".[91]
Politisch-soziologische Deutung	Hier wird Kafkas Werk nach seinem gesellschaftspolitischen Gehalt untersucht. Je nach Blickwinkel kommen so unterschiedliche Interpretationen zustande. Sieht etwa die marxistische Deutung Gericht und Prozess als „Abbild der undurchschaubaren Welt des Kapitalismus"[92], so interpretiert die mehr soziologische Richtung beide als „Abbild der Habsburger Monarchie" oder auch als „Abbild der modernen, verwalteten Welt" und „der Verselbständigung der Bürokratie".[93] Theodor W. Adorno sieht in Anlehnung an die Interpretation Klaus Manns Kafkas *Proceß* sogar als „Prophezeiung von Terror und Folter"[94] während der Herrschaft des Nationalsozialismus.

---

91 Zitiert nach Zimmermann, S. 69
92 www.zum.de/Faecher/D/Sa/gym/prozdeut.htm (Stand 2003)
93 Ebd.
94 Theodor W. Adorno: *Aufzeichnungen zu Kafka* (zitiert nach Zimmermann, S. 77)

Diese hier kurz skizzierten klassisch-historischen Interpretationsversuche, so bestechend ihre Argumentation auch (teilweise) sein mag, blieben doch letztlich unbefriedigend und entgingen nicht dem jeder Kafka-Interpretation zugrunde liegenden „hermeneutischen Dilemma"[95], das Jost Schillemeit so formulierte: Es bleibe immer fraglich, ob das, wovon der Interpret „redet und was notwendig der Welt des Auslegers angehört, dasselbe ist, wie das, wovon in seinen Erzählungen die Rede ist."[96]

Um diesem Problem zu entgehen, haben neuere Interpreten wie Friedrich Beißner und auf ihn aufbauend Martin Walser, Günter Heintz u. a. die textimmanente Sicht des Romans gefordert, die „Rückbesinnung auf den Roman als in sich geschlossenes selbstständiges sprachliches Gefüge, an das nicht von vorneherein außerhalb von ihm liegende Kriterien von außen heran getragen werden sollen."[97]

Bringen diese vorsichtigen werkimmanenten Interpretationen zwar einerseits interessante Erkenntnisse zu

> werkimmanente Interpretationen bleiben letztlich unbefriedigend

Kafkas Erzählhaltung (vgl. Kapitel 2.6) und „hypothetischem" Erzählstil[98], so bleiben auch sie doch letztlich unbefriedigend, da sie den Roman aus seinem entstehungs- und zeitgeschichtlichen Zusammenhang herauslösen.

Nach diesem knappen Überblick über die Interpretationsrichtungen zu Kafkas Roman sollen nun einige neuere Interpretationsansätze kurz vorgestellt werden.

Friedrich Beißner kommt von einem Tagebucheintrag Kafkas vom 6. August

> Friedrich Beißner: Traumeinfälle

1914, also kurz vor dem Arbeitsbeginn am *Proceß,* ausgehend zu einem bedenkenswerten Interpretationsansatz des Romans:

---

95 Schmidt, S. 7870
96 Jost Schillemeit (zitiert nach Schmidt, S. 7870)
97 Michael Müller: *Erläuterungen und Dokumente*, S. 173
98 Vgl. Schmidt, S. 7871

„Alle Personen und alle Vorgänge, die mit dem Prozess zu tun haben, sind nur in K.'s Träumen und Halbträumen vorhanden."[99] Besonders deutlich wird das in der sog. „Prüglerszene". Die totale Unwahrscheinlichkeit, dass der Prügler mit seinen Opfern in einer **Rumpelkammer** der **Bank** erscheint und sich die gleiche Szene am nächsten Tag wiederholt, aber auch K.'s ängstliches Bemühen, diese Entdeckung vor den Bankdienern zu verbergen, ist für Beißner „ein besonders deutlicher Hinweis auf die **traumhafte Einbildung**" [Hervorhebung V. K.][100] K.'s.

Die Darstellung des Onkels als „Kerzenträger" (S. 110) und dass er auf dem Schreibtisch des Bankbüros sitzend „ohne hinzusehen verschiedene Papiere, um besser zu sitzen" (S. 96) unter sich „stopfte", sind für Beißner in ihrer „Skurrilität" ebenfalls deutlich Traumeinfälle[101], Wahngebilde von K.'s unterdrücktem Prozessalbtraum.

Auch „alles, was K. dann im Dom widerfährt, ist traumhaft-unwirklich."[102] Im Roman wird diese „eigensinnige von dem einzigen Blickpunkt des Josef K. aus durchgehaltene Perspektive"[103] durch die von Kafka gewählten Formulierungen als einzig vorhandene Perspektive der Weltbetrachtung „überdeutlich bezeichnet".[104]

Ebenso spielt **Kleidung** im Roman eine große Rolle. Dabei fällt auf, dass ihre Darstellung im Bereich der Bank und des „normalen" Lebens Josef K.'s fast völlig fehlt, während sie im Bereich des Gerichts sehr stark betont wird. Die Kleidung der Männer spielt dabei fast eine gewichtigere Rolle als

Kleidung der Männer gewichtigere Rolle als die der Frauen

---

99 Friedrich Beißner: *Der Erzähler Franz Kafka und andere Vorträge* (zitiert nach Müller, S. 154)
100 Ebd., S. 154
101 Ebd., S. 154
102 Ebd., S. 155
103 Ebd., S. 155
104 Ebd., S. 155

die der Frauen. Auffällig ist auch, dass viele Personen, die mit dem Gericht zu tun haben, eigentümliche und oft geheimnisvolle Kleidung tragen, sei es der „safarilook"-ähnliche schwarze „Reiseanzug" (S. 20) des Wächters Franz, die domina-ähnliche Lederkleidung des Prüglers (vgl. S. 87) oder der übertrieben elegante Anzug des Auskunftgebers (vgl. S. 81).

„Dem ganzen Bereich der formellen Kleidung eignet sich [zudem] ein Aspekt des Ostentativen und Aufdringlichen."[105] Das trifft nicht nur auf den Auskunftgeber, sondern auch auf K. selbst zu (vgl. S. 18).

Gerade die Männer fallen durch eng anliegende figurbetonte Kleidung auf (vgl. S. 87 ff.; S. 271). Ihr z. T. „gewagtes Erscheinungsbild" und ihre Wirkung auf K. legt eine homoerotische Deutung nahe.[106]

Während K. bei den Männern körperbetonte oder entblößende Kleidung eher als anziehend empfindet, assoziiert er mangelnde oder „erotische" Bekleidung bei Frauen gleich mit Verdorbenheit.[107] Bei der Frau des Gerichtsdieners wirkt vielmehr das „dunkle() Kleid aus grobem schweren Stoff" (S. 68) verlockend auf ihn. Merkwürdigerweise ist es genauso ein Kleid, das sich K. in seiner Vision mit dem Maler Titorelli, die Kafka im Fragment wieder gestrichen hat[108], als „Gewand seiner Verwandlung"[109] wünscht. Diese Wunschphantasie eines Zusammenseins mit dem Maler hat deutlich homoerotische Elemente.[110]

105 Beicken, S. 131
106 Ebd., S. 131
107 So etwa bei den Mädchen bei Titorelli (vgl. S. 248 u. a.) oder der Geliebten Hasterers (vgl. S. 258)
108 Vgl. den von Kafka gestrichenen Teil des unvollendeten Kapitels „Das Haus" (in Kafka: *Der Prozeß* (Suhrkamp-Ausgabe), S. 263 f.); siehe zu dieser Thematik auch Reiner Stach: *Kafkas erotischer Mythos, eine ästhetische Konstruktion des Wirklichen.*
109 Beicken, S. 132
110 Vgl. auch Gilles Deleuze, Félix Guattari: *Kafka. Für eine kleine Literatur*, S. 95

> *„Durch den Kleiderwechsel ergibt sich nicht nur eine zeichen-*
> *hafte Nähe zu der verlockenden Frau, sondern K. vollzieht einen*
> *Geschlechtertausch, der ihn zumindest im Kleid zur begehrens-*
> *werten Frau, zum weiblichen Partner des Malers macht."*[111]

Im Verlauf des Prozessjahres treten K.'s unterschwellige homoerotische Neigungen immer stärker hervor. „Wie fast alle
Figuren Kafkas ist K. Außenseiter, der auch erotisch nicht mit
den Normen seiner Gegenwelt konform geht."[112]

durchaus vorhandene homophile
Tendenz vieler Figuren

Die durchaus vorhandene homophile
Tendenz vieler Figuren in Kafkas Werken auf den Autor selbst zu übertra-
gen, der sich aus Furcht vor der schmachvollen Entlarvung
bei seinen Texten der wissenschaftlichen Kryptografie bediene,
um mit dieser Geheimsprache sein Geständnis gestalten zu können[113], ist allerdings nicht eindeutig belegbar. Und so ist auch
Meckes Deutung des Gesetzes als „Kafkas Chiffre für die hete-
rosexuelle Liebe und besonders die Vaterschaft und die Ehe"[114]
kaum nachvollziehbar und äußerst fragwürdig.[115]
Anschließend soll noch auf eine Deutung des Romans hinge-
deutet werden, die auf den ersten Blick recht paradox erscheinen mag:

> *„Unabhängig von allen möglichen Deutungsansätzen, deren es*
> *wie für alle Texte Kafkas auch für den ‚Proceß' zahlreiche und*
> *widersprüchliche gibt, ist dieser Roman auch und vor allem ein*
> ***grotesk-komischer Roman.*** *" [Hervorhebung V. K.]*[116]

---

111 Beicken, S. 132
112 Ebd., S. 157
113 Vgl. Günter Mecke: *Kafkas offenbares Geheimnis*, S. 7 ff. u. a.
114 www.geo.uni-bonn.de/kafka
115 Nichtsdestotrotz ist Kafkas Verhältnis zu Frauen und zur Sexualität (für unseren heutigen Geschmack) zumindest merkwürdig (vgl. hierzu Kapitel 1.3, aber Detlef Kremer: *Die endlose Schrift*, S. 11–14
116 www.xlibris.de (Kafka: *Der Prozeß*)

2.7 Interpretationsansätze

Nicht nur *Der Proceß*, auch die Handlung der anderen Erzählungen und Romane Kafkas lässt sich immer wieder als komisch verstehen.[117] So berichtet Max Brod, dass Kafka und seine Freunde beim Vorlesen seiner Werke oft laut herausgelacht hätten.[118] Bei Kafkas „Komik"
gehen allerdings befreiende und beklemmende Wirkung ineinander über. Maximilian Rankl vergleicht daher Kafkas Roman mit Filmen von Karl Valentin oder Charlie Chaplin und verweist darauf, dass, führt man sich das eigentliche Wesen der Komik vor Augen, „Komik auf hohem Niveau, besonders in ihrer grotesken Stilart"[119] sich immer auch an der Grenze zum Tragischen bewegt. „Vielfach bedarf es nur einer geringfügigen Verschiebung der Perspektive, damit das Komische in echte Verzweiflung umschlägt."[120] So glaubt Josef K. ja zunächst selbst, seine Verhaftung sei ein „grobe[r] Spaß" (S. 12) seiner Kollegen zu seinem 30. Geburtstag und er beschließt, diese „Komödie" mitzuspielen (vgl. S. 13).

Auch die Erscheinungsweise des Gerichts ist zunächst unernst-komisch. Die Voruntersuchung gleicht einer Farce (und wird auch von K. als solche empfunden), die unter großem „Gelächter" (S. 50) der Zuschauer aufgeführt wird. Fast schon slapstickhaft erscheint die Erzählung von den Advokaten, die sich von einem Beamten immer wieder die Treppe herunterwerfen lassen, bis er müde ist (vgl. S. 125 f.).

Und genauso grotesk ist die Vorstellung, dass das Bein eines im Advokatenzimmer durch eins der Löcher im Fußboden Eingebrochenen „in den ersten Dachboden hinunter(hängt), und zwar gerade in den Gang, wo die Parteien warten" (S. 121). Auch die Situation im Zimmer des Malers Titorelli mit dem

Kafkas „Komik"

---

117 Vgl. hierzu auch Dieter Schrey: *Kafka. Der Prozess – Die Selbstinszenierung der Geburt als Tod* unter http://home.bn-ulm.de/~ulschrey/kafkaref.html (Stand 2003)
118 S. die Äußerungen Max Brods (zitiert nach Müller, S. 95)
119 www.xlibris.de (Kafka: *Der Prozeß*)
120 Ebd.

2. Textanalyse und -interpretation   **115**

Bett, über das man aus und in das Zimmer treten kann, erscheint schon fast „aberwitzig-valentinesk"[121].

„Die grotesk-komische Wirkung solcher Situationen lebt von der Differenz der Darstellung des Widersinnigen im Gegensatz zu einer vernünftig geordneten Welt."[122] Aber genau der Einbruch des vernünftig nicht Erklärbaren in die vernünftig-bürgerlich geordnete Lebenswelt Josef K.'s ist ein Element des Romans. Schließlich scheitert K. auch daran, dass er nicht in der Lage ist, diese irrationale „Welt" angemessen zu bewältigen bzw. angemessen mit ihr umzugehen.

> „Nach Kafka haben viele Schriftsteller erkannt, dass sie der modernen Wirklichkeit nur noch mit Absurdität (z. B. Ionesco, Beckett) oder der Tragikomödie (z. B. Dürrenmatt) begegnen können. Die Übertreibung der Wirklichkeit scheint notwendig zu sein, um ihr nahe kommen und ihr gerecht werden zu können."[123]

---

121 Ebd.
122 Ebd.
123 Gräff, S. 106

2. Textanalyse und -interpretation

3. Themen und Aufgaben

Die Lösungstipps beziehen sich auf die Kapitel der vorliegenden Erläuterungen.

Thema: Sprache und Stil   *Lösungshilfen*

▶ Zeigen Sie, wie gerade durch Kafkas nüchterne und realistische Sprache das Unheimliche und Unbegreifliche seines Romans betont wird.   2.6

▶ Die so genannte Türhüter-Legende unterscheidet sich auch sprachlich vom übrigen Roman. Arbeiten Sie die sprachlichen Unterschiede heraus und versuchen Sie zu erklären, warum Kafka diese sprachliche Form gewählt hat.   2.6, 2.7

▶ Zeigen Sie, wie es Kafka durch seine monoperspektivische Darstellungsweise gelingt, den Leser immer mehr in das unheimliche Geschehen hineinzuziehen.   2.6

Thema: Josef K. und die Frauen   *Lösungshilfen*

▶ Zeigen Sie am Beispiel von K.'s Verhalten zu Fräulein Bürstner, wie sich nach seiner Verhaftung auch K.'s „moralisches Verhalten" verändert.   2.2, 2.4

▶ Worin unterscheidet sich K.'s Verhältnis zu Fräulein Bürstner von seinen Verhältnissen zu den anderen Frauen des Romans?   2.2, 2.4

- Wieso empfindet K. das freiwillige Sich-ausliefern der Frau des Gerichtsdieners an den Untersuchungsrichter als erste persönliche Niederlage? — 2.2, 2.4
- Arbeiten Sie das „Sirenenhafte" an Leni heraus. — 2.2, 2.4
- Zeigen Sie auf, inwieweit K.'s Beziehungen zu Frauen auch vom Verhältnis von Macht und Unterwerfung bestimmt sind. — 2.2, 2.4, 2.7

Thema: Das Gericht — *Lösungshilfen*

- Arbeiten Sie heraus, wie durch das „Eingreifen" des Gerichts Josef K.'s Leben „demaskiert" wird. — 2.2, 2.4, 2.7
- Ist das Gericht gerecht? Erarbeiten und diskutieren Sie die verschiedenen Aspekte. — 2.2, 2.7
- Das Gericht bleibt während des ganzen Romans nicht greifbar. Arbeiten Sie die verschiedenen Deutungsmöglichkeiten des Gerichts heraus. Welche Deutung spricht Sie am meisten an? Begründen Sie Ihre Meinung. — 2.7, 4.
- Beziehen Sie den Satz des Advokaten Huld: „Es ist oft besser in Ketten als frei zu sein" (S. 199) auf Josef K. Wie stehen Sie zu dieser Aussage? — 2.2, 2.4

Thema: Groteske und Drama	Lösungshilfen

▶ Ist *Der Proceß* ein komischer oder ein tragischer Roman? Begründen Sie Ihre Meinung.   2.6, 2.7

▶ Ist Josef K. das unschuldige Opfer eines willkürlichen, undurchschaubaren Gerichts? Diskutieren Sie die verschiedenen Aspekte.   2.2, 2.4

▶ „Komik, besonders in ihrer grotesken Spielart, bewegt sich immer an der Grenze zum Tragischen". Beziehen Sie diese Aussage Maximilian Rankls auf Kafkas *Proceß*.   2.2, 2.7

Thema: Kafka und der *Der Proceß*	Lösungshilfen

▶ Zeigen Sie, wie sich Kafkas Beziehung zu Felice Bauer und zu seinem Vater in seinem Roman *Der Proceß* widerspiegelt.   1.3, 2.1

▶ Josef K. wird häufig als Spiegelung Franz Kafkas gesehen. Zeigen Sie Ähnlichkeiten und Unterschiede zwischen beiden auf.   1.1, 1.3, 2.4

▶ Zeigen Sie, inwiefern sich Kafkas Herkunft sowie der zeitgeschichtliche Hintergrund im Roman *Der Proceß* widerspiegeln, aber auch, wieso der Roman „zeitlos" interpretierbar ist.   1.1, 1.2, 1.3, 2.4

4. Rezeptionsgeschichte

Kafkas Roman *Der Proceß* wurde 1925 postum durch seinen Freund **Max Brod** herausgegeben. Von Brod stammt auch eine der ersten Besprechungen des Romans, in der er zum einen die religiöse Deutung des Romans betont und zum anderen versucht, Kafka als Person zu überhöhen. Mehrere Rezipienten folgen dieser Deutung Brods.

Der Schriftsteller **Ernst Weiss**, der zum engeren Freundeskreis Kafkas gehörte (s. Kap. 2.1), sieht im BERLINER BÖRSEN-COURIER den *Proceß* hingegen als den

> „*Prozess eines einzelnen, eines bis aufs äußerste isolierten Individuums ... Der ganze Prozess [ist] nichts anderes als der Prozess der eigenen Gewissensstimme ... das Werk nichts anderes als der Detektivroman einer Seele*".[124]

Verbot der Schriften Franz Kafkas durch die NS-Regierung

Nach dem Verbot der weiteren Verbreitung der Schriften Franz Kafkas durch die NS-Regierung bleiben Kafka und sein Werk in Deutschland bis in die 50er Jahre hinein weit gehend unbeachtet. Sein Ruhm beginnt im Ausland. Hier gewinnt Kafka nach 1939 eine merkwürdige Aktualität. Die aus Deutschland ins Exil Getriebenen sehen in ihm einen Propheten der politischen und gesellschaftlichen Entwicklung, der den Faschismus und seinen Terror bereits in seinem Werk vorausgesehen hatte.

So sieht **Max Brod** in der Beschreibung des Wächters Franz zu Beginn des Romans „wörtlich die Erscheinung eines SS-Mannes". Der unschuldig verhaftete K. wird für ihn „zum Symbol des Judentums ... all das, was für die heutige Lage des Judentums charakteristisch ist, findet sich in Kafkas *Proceß*"[125].

124 Berliner Börsen-Courier, 26. April 1925
125 Selbstwehr, 24. November 1933

Hannah Arendt stellt sogar die These auf, „dass in den Werken Kafkas das Schicksal des jüdischen Volkes im Allgemeinen, insbesondere aber seine Vernichtung durch die Nationalsozialisten dargestellt sei."[126]

In dem Maße, wie in den USA die Kafka-Rezeption nach dem Krieg abnimmt, setzt sie in Deutschland ein, „wo man sich nicht nur den konkreten Problemen ausgesetzt sah, die aus der Zerstörung des Landes erwuchsen, sondern zudem mit der ‚Vergangenheitsbewältigung' beginnen musste"[127].

Viele Rezipienten sehen im *Proceß* die Situation des Einzelnen im unmittelbaren Nachkriegsdeutschland widergespiegelt. Die alten Ordnungssysteme sind zerstört, neue, die diese Lücke ausfüllen können, sind erst im Aufbau begriffen, man hat ein Gefühl der Orientierungslosigkeit, oft wohl auch der Hilflosigkeit:

Situation des Einzelnen im unmittelbaren Nachkriegsdeutschland

Aber auch in Deutschland verliert mit dem politischen und gesellschaftlichen Wandel Kafkas Roman seine unmittelbare zeitgeschichtliche Relevanz: „Schuld, Angst und Absurdität [sind] keine beunruhigenden Themen mehr".[128]

In seiner filmischen Umsetzung des Romans aus dem Jahr 1962 wendet sich auch der amerikanische Schauspieler und Filmregisseur **Orson Welles** radikal von „einer die allgemeine existenzielle Problematik hervorhebenden Bearbeitung des Werks, die der Stimmung der Nachkriegszeit entgegenkam und von dieser ausgelöst wurde"[129], ab.

Die (bisher) letzte filmische Adaption des Romans legt 1992 der britische Regisseur **David Jones** vor. Nach einem Drehbuch von **Harold Pinter** zeigt der Film einen modernen Josef K.

---

126 Hannah Ahrendt: *The Jew As Pariah*, USA 1944
127 Müller, S. 138
128 Heinke Wunderlich: *Kafka-Texte als Ausgangspunkt für andere Kunstschöpfungen*, S. 826 (zitiert nach Müller, S. 199)
129 Müller, S. 199

Die Kafka-Rezeption ist in unserer Gegenwart angekommen. „Das selbst bestimmte Individuum ist im Zeitalter von Massenmedien, Klimakatastrophe, Gen-Manipulation und Telekom am Ende. Kafka muss es geahnt haben."[130]

---

130 Süddeutsche Zeitung, 17. Mai 1993

5.   Materialien

Kafka hat in seinem Roman viele religiöse Motive verarbeitet (s. Kapitel 2.7). Eins der deutlichsten und zugleich vielschichtigsten ist das Motiv des Apfels. Professor Dieter Schrey bezieht die biblische Deutung des „Apfels der Erkenntnis" auf Josef K.'s Apfelessen nach seiner Verhaftung:

„Josef K. inszeniert mit dem Essen des Apfels nicht nur den Wunsch nach Reinigung und Neuanfang. ‚Katharsis' könnte ein bloß magischer Vorgang sein, aber in K. entsteht darüber hinaus auch der Wunsch nach Bewusstsein, nach Erkenntnis, denn auf die ‚Erkenntnis des Guten und Bösen' läuft das Essen des Apfels nach mythischem Verständnis ja hinaus, und eben weil es im Apfelessen allegorisch um Erkenntnis geht, taucht im Bewusstsein K.'s, als er allein in seinem Zimmer ist …, der Gedanke des Selbstmords und der möglichen Bereitschaft dazu auf. Darauf ist er zu Beginn ‚hungrig' gewesen, davor hat er auch Angst gehabt, als die Köchin mit dem gewöhnlichen Frühstück nicht erschien, denn nun konnte er nicht mehr umhin, das ‚vorbereitete' Apfel-Frühstück der Erkenntnis zu sich zu nehmen. Der Grund aber für die Angst liegt vor allem in der Tatsache, dass die mit dem Apfel gegebene Erkenntnis des Guten und Bösen – wiederum dem Mythos entsprechend – auch identisch mit dem ‚Sündenfall' ist, der hier wohl zunächst verstanden werden kann als Bewusstwerden der ‚Sünde', d. h. des latenten Schuldgefühls und der Strafwürdigkeit."[131]

---

131 Dieter Schrey: *Kafka. Der Prozess – Die Selbstinszenierung der Geburt des Todes* unter http://home.bn-ulm.de/~ulschrey/kafkaref.html (Stand 2003)

An dieser Stelle muss auch kurz auf die visuellen und akustischen Umsetzungen des Romans eingegangen werden. Neben den beiden Verfilmungen von Welles und Jones (s. Kapitel 4) gibt es auch verschiedene Lesungen des *Proceß*. Außer der zurzeit vergriffenen Lesung von Gerd Westphal (Litraton Verlag, Hamburg 1996, 7 CDs) sind hier vor allem die Neuauflage der alten Lesung der Deutschen Grammophon (Literarisches Archiv) mit Gustav Gründgens (Universal Music, 2002, 1 CD) und die neue Lesung des Romans mit Christian Brückner (Parlando Edition Christian Brückner, Berlin 2002, 7 CDs) zu nennen. Während die Gründgens-Lesung stark gekürzt ist, dauert die Brückner-Fassung ca. 8 Stunden. Sie eignet sich daher sicherlich nicht, um vollständig im Unterricht gehört zu werden, bietet sich jedoch an, um einige Schlüsselszenen hervorzuheben. So könnte man etwa die „Türhüter-Legende" und ihre Deutung nochmals akustisch auf sich wirken lassen oder auch die komischen Seiten des Romans, etwa K.'s Treffen mit dem Maler Titorelli und der bedrohlichen Mädchenbande vor dessen Tür.

Literatur

Ausgaben:

Kafka, Franz: *Der Proceß. Roman. Originalfassung.* Frankfurt am Main: Fischer Taschenbuch Verlag GmbH, 2002.
(Nach dieser Ausgabe wird zitiert.)

Kafka, Franz: *Der Prozeß. Roman.* Mit einem Kommentar von Heribert Kuhn. Frankfurt am Main: Suhrkamp Verlag, 2000 (Suhrkamp Basis Bibliothek 18).
(Hier ist die später von Kafka gestrichene Fortsetzung zum Fragment ‚Das Haus' zu finden.)

Kafka, Franz: *Tagebücher 1910–1923.* Frankfurt am Main: Fischer Taschenbuch Verlag GmbH, 1983 (Franz Kafka. *Gesammelte Werke*, herausgegeben von Max Brod, Taschenbuchausgabe in 7 Bänden).

Kafka, Franz: *Briefe an Felice und andere Korrespondenz aus der Verlobungszeit,* herausgegeben von Erich Heller und Jürgen Barn. Frankfurt am Main: Fischer Taschenbuch Verlag GmbH, 1976.

Lernhilfen, Kommentare, Arbeitsmaterial für Schüler:

Beicken, Peter: *Franz Kafka, Der Process.* München: Oldenbourg Schulbuchverlag GmbH, 1999 (2. Auflage) (Oldenbourg Interpretation, Band 70).
(Sehr ausführlich wird in zum Verständnis des Romans wichtige Aspekte eingeführt. Der Band enthält zudem Vorschläge zur Behandlung des Romans im Unterricht sowie für Klausuren und Hausaufgaben.)

Hobek, Friedrich: *Franz Kafka: Der Proceß*. München: Mentor Verlag, 1999 (2. Auflage) (Mentor Lektüre. Durchblick, Band 335).
(Dem Konzept der Reihe entsprechende knappe Einführung in den Roman mit Aufgaben und Lösungen.)

Gräff, Thomas: *Lektürehilfen. Franz Kafka, Der Proceß*. Stuttgart, Düsseldorf, Leipzig: Ernst Klett Verlag, 2001 (8. Auflage) (Klett LernTraining).
(Der Band bietet eine ausführliche Interpretation verschiedener Aspekte des Romans.)

Urban, Cerstin: *Erläuterungen zu Franz Kafka „Amerika", „Der Prozeß", „Das Schloss"*. Hollfeld: C. Bange Verlag, 2000 (Königs Erläuterungen und Materialien, Band 209).
(Vorgänger des vorliegenden Bandes.)

Zimmermann, Hans Dieter: *Franz Kafka: Der Process*. Frankfurt am Main: Verlag Moritz Diesterweg, 1995 (Grundlagen und Gedanken zum Verständnis erzählender Literatur).
(Der Band gibt einen Überblick über verschiedene Aspekte des Romans sowie über die unterschiedlichen Deutungsmöglichkeiten.)

Sekundärliteratur:

Das folgende Verzeichnis der Sekundärliteratur kann natürlich keinen Anspruch auf Vollständigkeit erheben. Es werden nur die Publikationen aufgeführt, die für diese Erläuterungen eingesehen wurden.

Anz, Thomas: *Franz Kafka*. München: Verlag C. H. Beck, 1992 (2. Auflage) (Beck'sche Reihe; 615: Autorenbücher).

Bruggisser, Andreas: *Franz Kafkas „Prozess". Eine Lektüre.* Bern, Frankfurt am Main u. a.: Verlag Peter Lang AG, 1989 (Europäische Hochschulschriften: Reihe 1, Deutsche Sprache und Literatur, Band 1240).

Deleuze, Gilles, Guattari, Félix: *Kafka. Für eine kleine Literatur.* Frankfurt am Main: Suhrkamp Verlag, 1976 (edition suhrkamp 807).

Gilman, Sander L.: *Die Ängste des jüdischen Körpers. Aus Anlass der unwiderstehlichsten Kafka-Biografie, die es bis heute gibt: Reiner Stack lehrt uns, ein Genie neu zu lesen.* In: Literaturen, 1/2 II 2003, Seite 12–18.

Hayman, Ronald: *Kafka, sein Leben, seine Welt, sein Werk.* Bern und München: Scherz Verlag, 1983.

Heller, Erich: *Franz Kafka.* München: Deutscher Taschenbuch Verlag, 1974 (Moderne Theoretiker).

Krämer, Detlef: *Die endlose Schrift. Kafka und Robert Musil.* In: Deutsches Institut für Fernstudien an der Universität Tübingen (Herausgeber): Funkkolleg Literarische Moderne. Europäische Literatur im 19. und 20. Jahrhundert. Studienbrief 6, Studieneinheit 16. Tübingen: Deutsches Institut für Fernstudien an der Universität Tübingen, 1994, Seite 1–35.

Mecke, Günter: *Franz Kafkas offenbares Geheimnis. Eine Psychopathographie.* München: Fink, 1982.

Müller, Michael: *Erläuterungen und Dokumente. Franz Kafka. Der Proceß.* Stuttgart: Philipp Reclam jun. GmbH & Co., 1993 (Universal-Bibliothek Nr. 8197).

Nemec, Friedrich: *Der Prozess.* In: Jens, Walter (Herausgeber): Kindlers Neues Literatur Lexikon, Band 9. München: Kindler Verlag GmbH, 1990, S. 43–46.

Politzer, Heinz: *Franz Kafka. Der Künstler.* Frankfurt am Main: Suhrkamp Taschenbuch Verlag, 1978.

Redaktion Kindlers Literatur Lexikon: *Amerika.* In: Jens, Walter (Herausgeber): Kindlers Literatur Lexikon im dtv, Band 3. München: Deutscher Taschenbuch Verlag GmbH & Co. KG, 1974, Seite 977 f.

Sautermeister, Gerd: *Das Schloss.* In: Jens, Walter (Herausgeber): Kindlers Literatur Lexikon im dtv, Band 19. München: Deutscher Taschenbuch Verlag GmbH & Co. KG, 1974, Seite 8502–8506.

Sautermeister, Gerd: *Die Verwandlung.* In: Jens, Walter (Herausgeber): Kindlers Literatur Lexikon im dtv, Band 22. München: Deutscher Taschenbuch Verlag GmbH & Co. KG, 1974, Seite 9004 f.

Schmidt, Michael: *Der Prozess.* In: Jens, Walter (Herausgeber): Kindlers Literatur Lexikon im dtv, Band 18. München: Deutscher Taschenbuch Verlag GmbH & Co. KG, 1974, Seite 7869–7871.

Scholz, Ingeborg: *Erläuterungen zu Franz Kafkas Erzählungen I.* Hollfeld: C. Bange Verlag, 1999 (6. Auflage) (Königs Erläuterungen und Materialien, Band 279).

Sokel, Walter H.: *Franz Kafka. Tragik und Ironie. Zur Struktur seiner Kunst.* Frankfurt am Main: Fischer Taschenbuch Verlag GmbH, 1976.

Stach, Reiner: *Kafkas erotischer Mythos. Eine ästhetische Konstruktion des Weiblichen.* Frankfurt am Main: Fischer Taschenbuch Verlag GmbH, 1987.

Wagenbach, Klaus: *Franz Kafka in Selbstzeugnissen und Bilddokumenten.* Reinbek: Rowohlt Taschenbuchverlag GmbH, 1988 (rowohlts monographien 91).

Rezensionen:

Brod, Max: *Eine Vision Franz Kafkas.* In: Selbstwehr (Prag), Jg. 27, Nr. 48, 24. Nov. 1933.

Fründt, Bodo: *Josef K. in der Telekom-Zeit. David Jones' neue Verfilmung von Franz Kafkas „Prozeß",.* In: Süddeutsche Zeitung, Nr. 112, 17. Mai 1993.

Weiss, Ernst: *Franz Kafkas „Proceß".* In: Berliner Börsen-Courier, 26. April 1925.

Werth, Wolfgang: *Nicht von Kafka. Orson Welles verfilmt den Roman „Der Prozeß".* In: Deutsche Zeitung, Nr. 85, 10. April 1963.

Sonstige Literatur:

Arendt, Hannah: *The Jew As Pariah: A Hidden Tradition*. In: Jewich Social Studies, 6, 1944, Seite 99–122.

Hess, Robert: *Die Geschichte der Juden*. Ravensburg: Ravensburger Buchverlag Otto Meier GmbH, 1988.

Kaiser, Eugen (Herausgeber): *Grundzüge der Geschichte, Band 4. Von 1890 bis zur Gegenwart*. Frankfurt am Main, Berlin, München: Verlag Moritz Diesterweg, 1972 (4. Auflage).

sbg: *... Nächstes Jahr in Jerusalem. Der Streit um den Zionismus*. In: Geschichte mit Pfiff 11, 1988, Seite 36 f.

Materialien aus dem Internet:

Das Angebot im Internet ist ähnlich umfangreich wie das der Sekundärliteratur, allerdings von sehr unterschiedlicher Qualität. Im Folgenden werden einige der besten und materialreichsten Seiten vorgestellt:

http://www.geo.uni-bonn.de/kafka
(Hervorragende Kafka-Seite der Rheinischen Friedrich-Wilhelms-Universität Bonn, die in (fast) alle Aspekte der Kafkaforschung einführt.)

http://www.xlibris.de
(Hier findet man unter dem Autor Franz Kafka kurze Inhaltsangaben und informative Einführungen zu den bekanntesten Werken.)

http://www.zum.de

Bitte melden Sie dem Verlag „tote" Links!

Verfilmungen von Kafkas *Der Proceß*

The Trial (Der Prozess) 1963
Regie: Orson Welles
Darsteller: Anthony Perkins, Orson Welles, Romy Schneider
Land: Frankreich, BRD, Italien
Farbe: schwarz-weiß

The Trial (Der Prozess) 1993
Regie: David Hugh Jones
Darsteller: Kyle McLachlan, Anthony Hopkins
Land: Großbritannien
Farbe: color

Wie interpretiere ich...?

■ Der Bestseller!

Alles zum Thema Interpretation,
abgestimmt auf die individuellen Anforderungen

❧ Basiswissen
(Einführung und Theorie)
- grundlegende Sachinformationen zur Interpretation und Analyse
- Grundlagen zur Erstellung von Interpretationen
- Fragenkatalog mit ausgewählten Beispielen
- Analyseraster

❧ Anleitungen
(konkrete Anleitung - Schritt für Schritt,
mit Beispielen und Übungsmöglichkeiten)
- Bausteine einer Gedichtinterpretation
- Musterbeispiele
- Selbsterarbeitung anhand praxisorientierter Beispiele

❧ Übungen mit Lösungen
(prüfungsnahe Aufgaben zum Üben und Vertiefen)
- konkrete, für Klausur und Abitur typische Fragen und Aufgaben-
  stellungen zu unterrichts- und lehrplanbezogenen Texten mit Lsg.
- epochenbezogenes Kompendium

Bernd Matzkowski
Wie interpretiere ich Lyrik?
Basiswissen Sek. I/II (AHS)
112 Seiten, mit Texten
Best-Nr. 1448-6

Thomas Brand
Wie interpretiere ich Lyrik?
Anleitung Sek I/II (AHS)
205 Seiten, mit Texten
Best-Nr. 1433-8

Thomas Möbius
Wie interpretiere ich Lyrik?
Übungen mit Lösungen, Band 1
Mittelalter bis Romantik
Sek. I/II (AHS),
158 S., mit Texten
Best-Nr. 1460-5

Thomas Möbius
Wie interpretiere ich Lyrik?
Übungen mit Lösungen, Band 2
Realismus bis Postmoderne
Sek. I/II (AHS),
149 S., mit Texten
Best-Nr. 1461-3

Bernd Matzkowski
**Wie interpretiere ich
Novellen und Romane?**
Basiswissen Sek. I/II (AHS)
74 Seiten
Best-Nr. 1495-8

Thomas Brand
**Wie interpretiere ich
Novellen und Romane?**
Anleitung Sek. I/II (AHS)
160 Seiten, mit Texten
Best-Nr. 1471-0

Thomas Möbius
**Wie interpretiere ich
Novellen und Romane?**
Übungen mit Lösungen Sek. I/II (AHS)
200 Seiten, mit Texten
Best-Nr. 1472-9

Bernd Matzkowski
Wie interpretiere ich ein Drama?
Basiswissen Sek. I/II (AHS)
112 Seiten
Best-Nr. 1419-2

Thomas Möbius
Wie interpretiere ich ein Drama?
Anleitung
204 Seiten, mit Texten
Best-Nr. 1466-4

Thomas Möbius
Wie interpretiere ich ein Drama?
Übungen mit Lösungen
206 Seiten, mit Texten
Best-Nr. 1467-2

Bernd Matzkowski
Wie interpretiere ich?
Sek. I/II (AHS)
114 Seiten
Best.-Nr. 1487-7

Bernd Matzkowski
**Wie interpretiere ich Kurzgeschichten,
Fabeln und Parabeln?**
Basiswissen Sek. I/II (AHS)
96 Seiten, mit Texten
Best-Nr. 1493-1

Thomas Möbius
Beliebte Gedichte interpretiert
Sek I/II (AHS)
104 S., mit Texten
Best.-Nr. 1480-X

Eduard Huber
Wie interpretiere ich Gedichte?
Sek I/II (AHS)
112 Seiten
Best.-Nr. 1474-5
Ein kompakter Helfer zum Thema
Gedichtinterpretation.
Das Buch hebt sich durch seine kompakte
Darstellung und seine Methodik von anderen
Interpretationshilfen ab.